圖說北大

昌明国粹，
融化新知：

湯用彤

汤一介 编

北京大学出版社
PEKING UNIVERSITY PRESS

图书在版编目（CIP）数据

昌明国粹，融化新知：汤用彤 / 汤一介编 .—北京：北京大学出版社，2012.9

ISBN 978-7-301-17451-7

Ⅰ. ①昌…　Ⅱ. ①汤…　Ⅲ. ①汤用彤（1893 ~ 1964）—生平事迹　Ⅳ. K825. 4

中国版本图书馆 CIP 数据核字（2012）第 202068 号

书　　　　名：昌明国粹，融化新知：汤用彤

著 作 责 任 者：汤一介　编

责 任 编 辑：王　莹　张　冰

标 准 书 号：ISBN 978-7-301-17451-7/K　0889

出 版 发 行：北京大学出版社

地　　　　址：北京市海淀区成府路 205 号　100871

网　　　　址：http://www.pup.cn

电　　　　话：邮购部 62752015　发行部 62750672　编辑部 62755413　出版部 62754962

电 子 邮 箱：zbing@pup.pku.edu.cn

印　刷　者：北京大学印刷厂

经　销　者：新华书店

880 毫米 ×1230 毫米　A5　3.375 印张　100 千字

2012 年 9 月第 1 版　2012 年 9 月第 1 次印刷

定　　　　价：25.00 元

国学大师汤用彤

汤用彤先生字锡予，中国著名哲学史家、佛教史家、教育家。汤用彤祖籍湖北黄梅，1893年出生于甘肃省渭源县。长江岸边黄梅县的汤氏家族可谓是当地的书香门第，从汤用彤的曾祖父起，汤家几代人都是有学问之人，并多从事教书之职。汤用彤的父亲汤霖还是光绪十六年的进士，做过几任知县。汤霖卸任后在兰州、北京等地设馆教学，主张新式教育，长子汤用彬与次子汤用彤都受惠于此。

汤用彤自幼聪慧，三岁起即随父亲背诵孔尚任《桃花扇》中之《哀江南》。1908年，他离开父亲的教馆，求学于北京顺天学堂，开始接受新式教育。辛亥革命后，汤用彤于1912年考入清华学堂并在四年后以优异成绩顺利毕业。

1918年汤用彤赴美留学，先后在美国明尼苏达州汉姆林大学和哈佛研究院深造。在美期间，用彤先生开始接受真正的西方文化教育，还经梅光迪引见结识了当时美国著名的新人文主义代表白璧德教授。后来，用彤先生与吴宓、陈寅恪并称“哈佛三杰”，也是来源于此。

1922年，先生回国后一直在大学里教书，先后执教于东南大学、南开大学、中央大学、北京大学、西南联大等。1931年，汤用彤应胡适之聘来到北京大学哲学系任教，以后一直没有离开北大，直至1964年于北京逝世。

汤用彤先生所处的时代正值中西方文化、新旧文化激烈碰撞的时期，先生本身既怀有主张内圣外王之道的家学传统，又接受了西方人文主义与新思潮的熏陶，因此其教学与研究也都呈现出古今中西融会贯通的风格。先生通晓梵语、巴利语等多种语言，其学术研究主要集中在印度哲学、中国佛教和魏晋玄学等领域，其中以在中国佛教史方面研究的建树最为突出。主要代表作如《汉魏两晋南北朝佛教史》、《魏晋玄学论稿》、《印度哲学史略》、《隋唐佛教史稿》等，均是界内研究无法绕过的重量级著作，此外还有多部文集、专著、论文等。

1993年，《国故新知——汤用彤先生诞生百周年纪念文集》出版时，季羡林先生专门作序，称汤用彤先生为20世纪“既能熔铸今古，又能会通中西”的国学大师之一。季老的评价绝不为过，汤用彤先生“昌明国粹，融化新知”的治学宗旨，以及他在中国佛教史、印度哲学、魏晋玄学等方面研究的高度和奠基性地位，无疑是中国今日及未来无可替代的宝贵财富。作为一名知识分子，先生海纳百川、兼容并包的学术胸襟，以及宁静致远、严谨勤奋的治学品格，同样可谓是中国学术精神领地的瑰宝，更应成为当今学人之楷模。

■ 汤用彤（1893—1964）

汤用彤先生字锡予，1893年生于湖北黄梅。1911年考入清华大学，1918年赴美留学，1921年获哈佛大学硕士学位。1922年回国。历任东南大学、南开大学、中央大学教授。1931年受胡适之聘，为北大研究教授。此后历任北大哲学系主任、文学院院长、北京大学校务委员会主任、北大副校长等职。先后在各大学开设过“中国佛教史”、“魏晋玄学”、“英国经验主义”、“大陆理性主义”、“印度哲学”等近四十门课程。1947年被选为中央研究院院士、评议员，1956年被选为中国科学院学部委员。汤用彤先生是我国学贯中西，汇通华梵的重要学术大师，所著《汉魏两晋南北朝佛教史》、《隋唐佛教史》、《魏晋玄学论稿》、《印度哲学史略》为具国际影响之传世名作。

■ 书影。

湯用彤全集
新訂礼記（下）
新訂礼記（上）
西方哲學講義
魏晉玄學
校點高僧傳（上）
校點高僧傳（下）
印度哲學史略（下）
印度哲學史略（上）
理學·佛學·印度學
隋唐佛教史稿
南北朝佛教史（下）
南北朝佛教史（上）
印度佛教汉文资料选编
隋唐佛教史稿
魏晋玄学论稿及其他
汉魏两晋南北朝佛教史
新知
国故
中国传统文化的再诠释

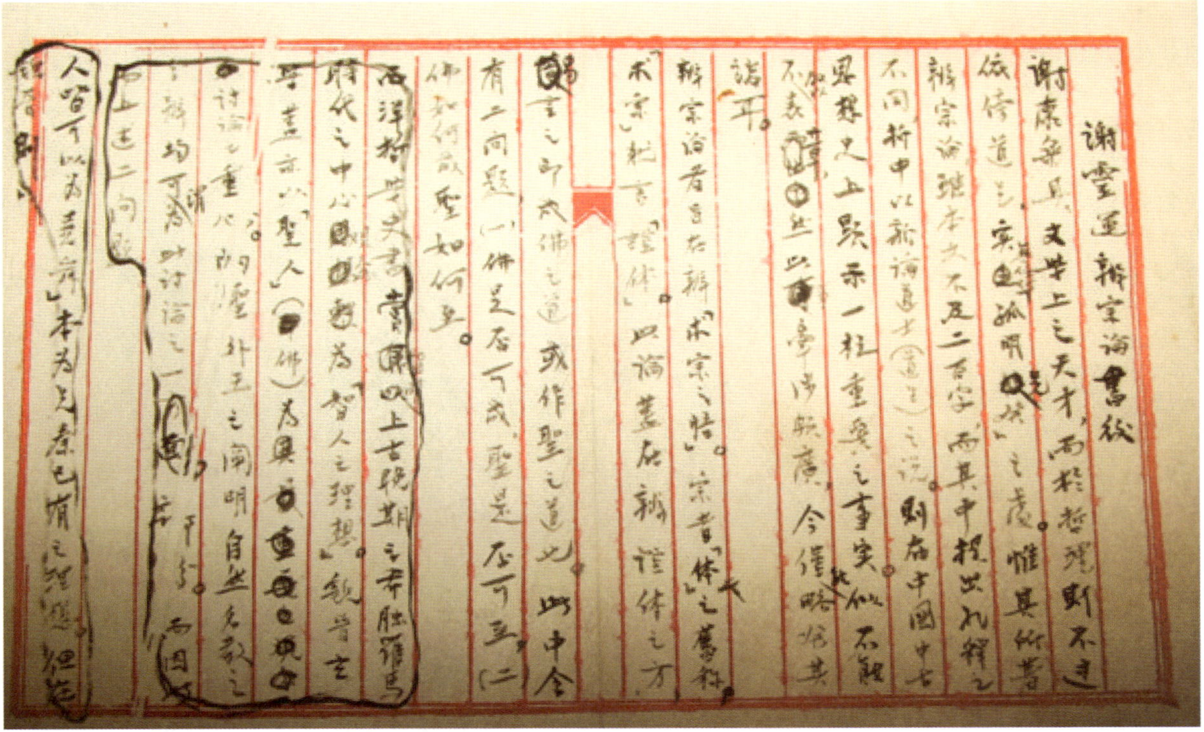

■ 手稿。

■ 图为汤用彤先生的母亲梁氏夫人。

梁夫人精明能干，极有远见，为汤家家业的兴旺立下了汗马功劳。她利用丈夫的朝廷俸禄以及儿子们的收入为家置办了多处房产，如北平的缎库胡同3号、6号，和庐山牯岭的三栋别墅。此外，虽然并未受过多少教育，她却选择送两个儿子在新式学堂就读，甚至支持汤用彤赴美留学，拥有这样与时俱进的思想在当时是很不简单的。

■ 图为汤老夫人梁氏和全家。中坐者为梁氏夫人，左侧为用彤先生夫妇，右侧为用彬先生夫妇。

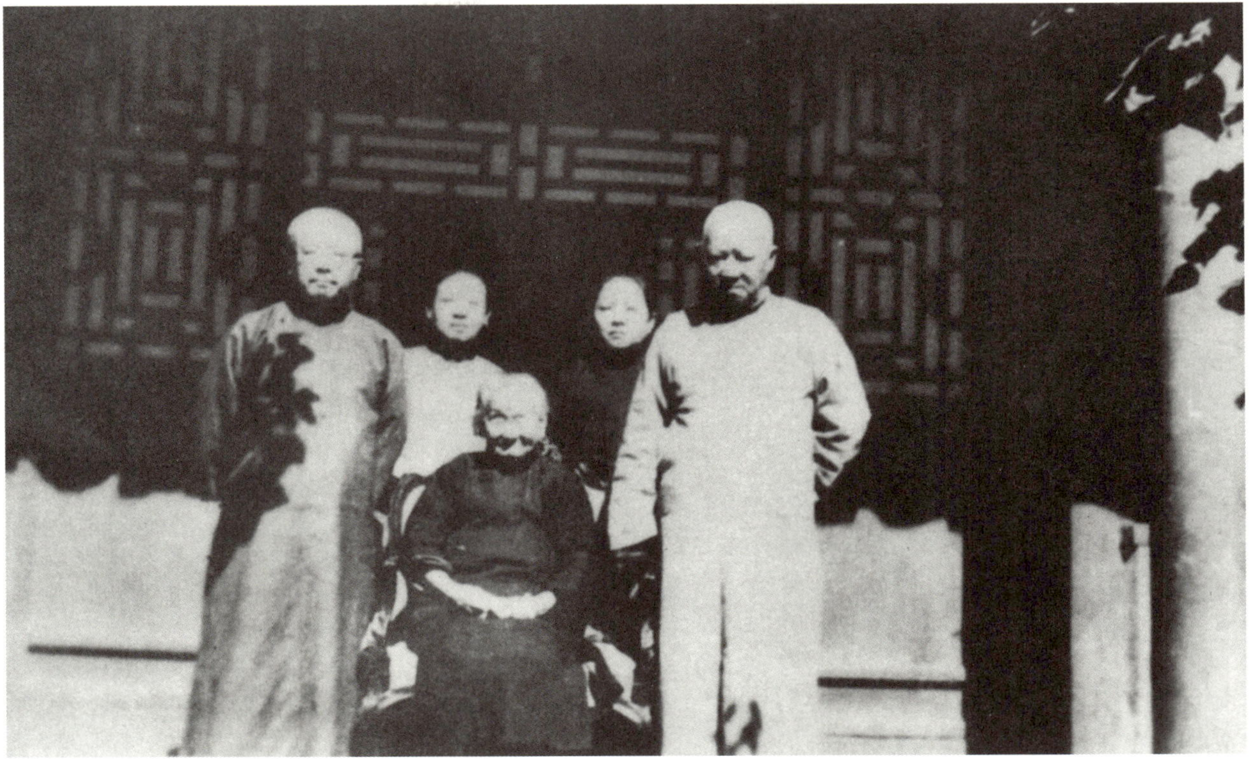

■ 汤用彤先生的父亲汤霖是清朝进士，他为官廉洁，治学严谨，曾在甘肃任知县和乡试同知贤官，晚年开设学堂教书育人。汤霖与夫人育有四女两男，汤用彤为幼子。兄长汤一彬曾考取举人，在同文馆学习俄文并在国立分科大学获得文学士学位。袁世凯倒台后曾任国会议员，北平市政府主任秘书等。

图为汤一彬一家和汤用彤的次子汤一介（右立者），幼女汤一平在一起。

■ 汤用彤先生的夫人张敬平女士出身书香门第，父亲为清朝进士，她本人也念过私塾，喜好古典文学，是一位名副其实的大家闺秀。汤夫人温婉、端庄、贤淑、慈爱，也充满了爱国主义激情。在1950年“抗美援朝”期间，她曾把自己多年保存的金子和首饰捐献出来，和其他北大教授的家属一起，共同捐了一架飞机。几十年来，汤夫人默默伴随汤用彤先生，不论分离、战争之苦，还是贫穷、疾病之痛，都一起走过。她是陪伴先生一生的挚爱。

■ 汤用彤先生1911年到北平，入清华学堂留美预备学校。

图为先生生平第一张照片。

■ 汤用彤先生在清华学堂与吴宓先生结为好友，当时他们虽接受西化教育，“却寄心于玄远之学，居恒爱读内典”，还曾一起写过武侠小说《崆峒片羽录》。在清华读书期间，汤先生与吴宓，黄华等人创办了“天人学会”社团以宣扬学术救国思想为宗旨。他们认为，一个民族即使在政治上丧失主权，只要它的学术研究不中断，民族文化不丢失，国家的复兴就终将成为必然。其“昌明国粹，融化新知”的理念为后来的《学衡》派所继承并发扬光大。吴宓曾这样评价汤用彤：“喜愠不易触发，德量汪汪，风概类黄叔度……久交宜醇，令人心醉，故最投机。”

照片摄于1916年汤用彤先生送别吴宓赴美留学时。

■ 当时，汤用彤先生因治疗沙眼暂留北平。他一边为清华学生讲授国文课，一边担任《清华周刊》总编辑，图为1917年所获金质纪念牌。

■ 1911年3月进入清华学堂，接受西方教育。曾任《清华周刊》总编辑。从1914年《清华周刊》创刊起，他即在该刊连续发表《理学谵言》、《新不朽论》、《谈助》等文。

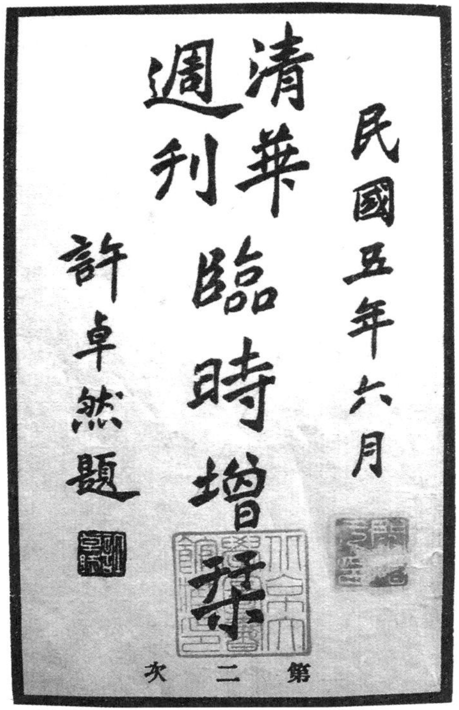

清華週刊臨時增刊

民國五年六月

許卓然題

第二次

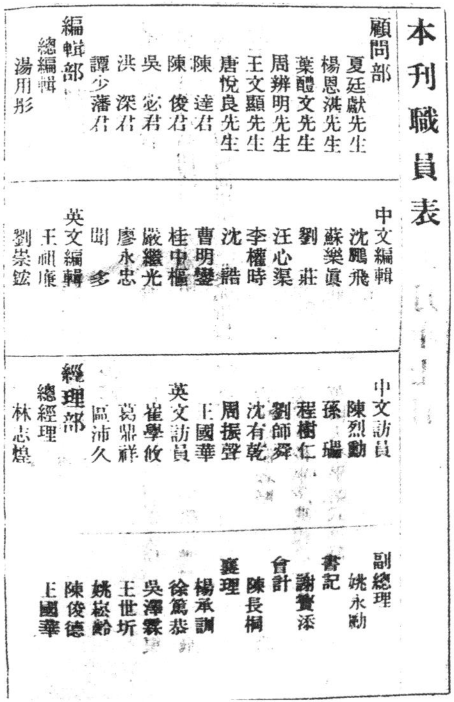

本刊職員表

顧問部：夏廷獻先生　楊恩湛先生　葉醴文先生　周辨明先生　王文顯先生　唐悅良先生　陳達君　陳俊君　吳宓君　洪深君　譚少藩君

編輯部

總編輯：湯用彤

中文編輯：沈鵬飛　蘇樂眞　劉莊　汪心渠　李權時　沈誥　曹明鑾　桂中樞　嚴繼光　廖永忠　聞多

英文編輯：王祖廉　劉崇鋐

中文訪員：陳烈勳　孫瑞璜　程樹仁　劉師舜　沈有乾　周振聲

英文訪員：王國華　崔學攸　葛鼎祥　區沛久

經理部

總經理：林志煌

副總理：姚永勵

書記：謝寶添

會計：陳長桐

襄理：楊承訓　徐篤恭　吳澤霖　王世圻　姚崧齡　陳俊德　王國華

課藝

論成周學禮

（湯用彤）

學問貴在得其精神若枝枝節節爲之則直食人之糟粕耳處今日之世而欲行成周之學禮狂人也然其時學禮之特殊精神所以陶鑄我國之人民國是者學者不可不知之

成周學禮之特殊精神有二

一曰寓禮於教　上古無所謂禮無所謂教所謂禮無非當時教育之精神所謂教亦無非禮制之範圍故天子大學有瞽宗瞽宗者習禮之地有東序東序者習射之地射義曰古者諸侯之射也必先行燕禮卿大夫之射也必先行鄉飲酒之禮（於庠行之）而燕禮所以明君臣之義鄉飲酒禮所以明長幼之序則射者固亦教禮之一法也成均則習樂之地樂記曰樂著大始而禮居成物禮樂云者固相得而彰者也周官大司樂掌成均之

清華週刊第三次臨時增刊目次

■ 1918年，汤用彤先生抵达美国明尼苏达州并于汉姆林大学攻读哲学学位，主要选修哲学、心理学及发生心理学课程。1919年，他以各门课程均在95分以上的优异成绩获得学士学位。在汉姆林大学学习期间，汤用彤先生作为优秀学生加入了著名的“Taallam”学生社团。“Taallam”在阿拉伯语中是“求知吧，年轻人”的意思，它的创立旨在激励学生在学术上不断进步并向社会传播先进知识与多元文化。

■ 1919—1921年，汤用彤先生在美国哈佛大学攻读哲学硕士学位，并于1921年获得该学位，其后，汤先生留在美国继续梵文、巴利文的研习直至1922年。

在哈佛大学期间，汤用彤先生与陈寅恪先生师从雷曼教授学习梵文、巴利文和佛学。后来，他又经吴宓、梅光迪先生引见白璧德教授，并深受其新人文主义思想的影响。白氏认为中国人在学习西方科学技术的同时，更应回到儒家经典中去，遵守并弘扬传统道德，发掘并继承昔日文化的精髓，万不可“冒进步之虚名而忘却固有之文化”。这样的理念无疑和《学衡》杂志所倡导的救国出路相契合，也一定程度上为汤用彤先生以后的治学道路指明了方向。

图为汤用彤在哈佛大学研究院学习。

■ 1921年，汤用彤先生以全优成绩获哈佛大学哲学硕士学位，旋即归国。图为先生哈佛大学毕业成绩单。

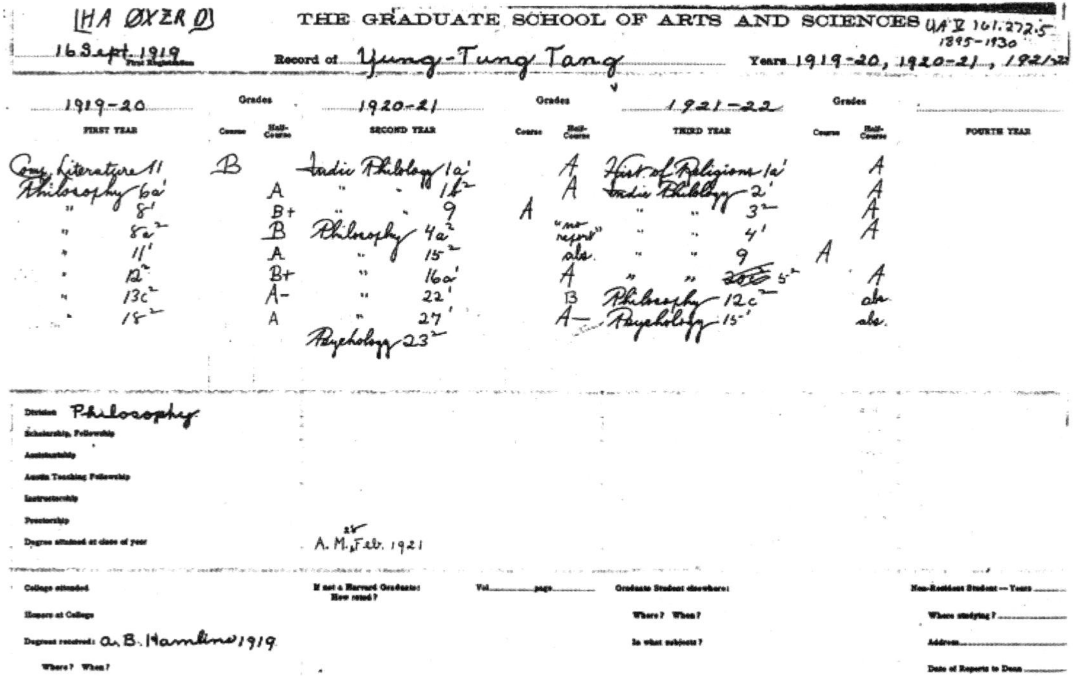

[HA OXZR D]　　THE GRADUATE SCHOOL OF ARTS AND SCIENCES　UA V 161.272.5 1895-1930

16 Sept. 1919 First Registration　　Record of Yung-Tung Tang　　Years 1919-20, 1920-21, 1921-22

1919-20 FIRST YEAR	Grades Course	Grades Half-Course	1920-21 SECOND YEAR	Grades Course	Grades Half-Course	1921-22 THIRD YEAR	Grades Course	Grades Half-Course	FOURTH YEAR
Comp. Literature 11	B		Indic Philology 1a¹		A	Hist. of Religions 1a¹		A	
Philosophy 6a¹		A	" " 1b²		A	Indic Philology 2¹		A	
" 8¹		B+	" " 9	A		" " 3²		A	
" 8a²		B	Philosophy 4a²		"no report"	" " 4¹		A	
" 11¹		A	" 15²		abs.	" " 9	A		
" 12²		B+	" 16a¹		A	" " ~~20(?)~~ 5²		A	
" 13c²		A-	" 22¹		B	Philosophy 12c²		abs.	
" 18²		A	" 27¹		A-	Psychology 15¹		abs.	
			Psychology 23²						

Division Philosophy
Scholarship, Fellowship
Assistantship
Austin Teaching Fellowship
Instructorship
Proctorship
Degree attained at close of year　A. M. 28 Feb. 1921

College attended　　If not a Harvard Graduate: How rated?　　Vol.______ page______　　Graduate Student elsewhere:　　Non-Resident Student — Years______
Honors at College　　Where? When?　　Where studying?______
Degrees received: A. B. Hamline 1919　　In what subjects?　　Address______
Where? When?　　Date of Reports to Dean______

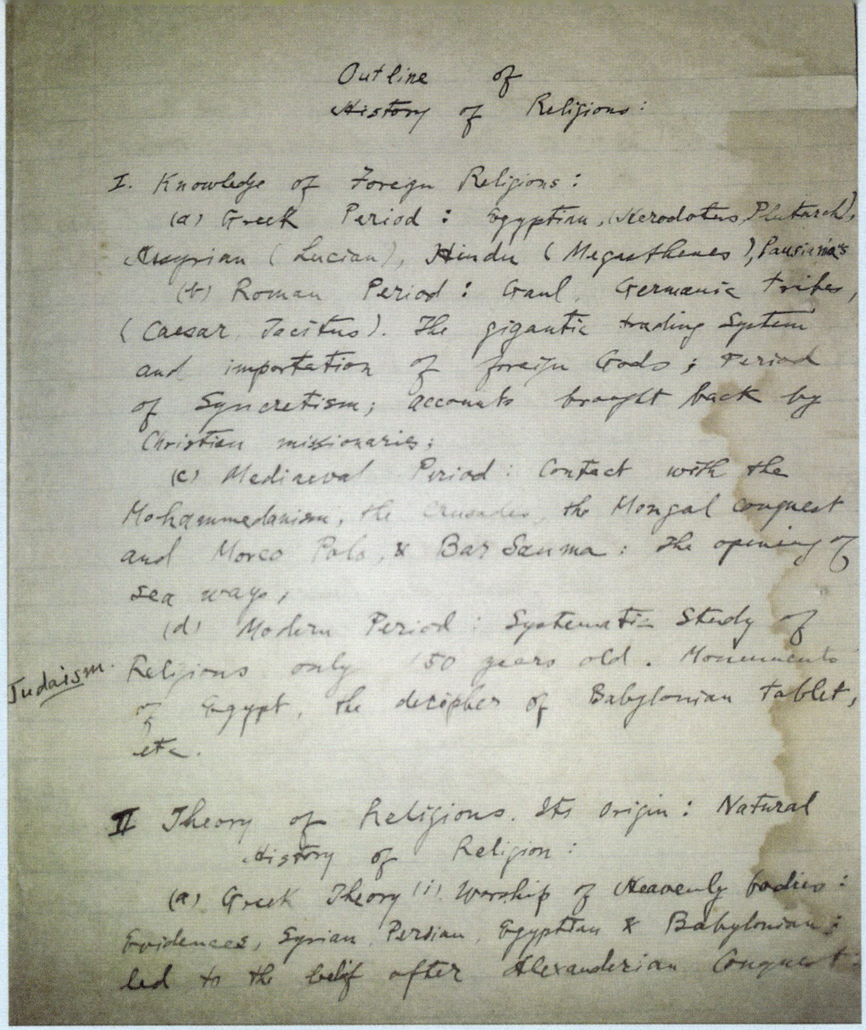

Outline of
History of Religions:

I. Knowledge of Foreign Religions:

(a) Greek Period: Egyptian (Herodotus, Plutarch), Assyrian (Lucian), Hindu (Megasthenes), Pausanias

(b) Roman Period: Gaul, Germanic tribes, (Caesar, Tacitus). The gigantic trading system and importation of foreign Gods; Period of Syncretism; accounts brought back by Christian missionaries;

(c) Mediaeval Period: Contact with the Mohammedanism, the Crusades, the Mongol conquest and Marco Polo, & Bar Sauma: the opening of sea ways;

(d) Modern Period: Systematic Study of Religions only 150 years old. Monuments of Egypt, the decipher of Babylonian tablet, etc.

Judaism.

II Theory of Religions. Its Origin: Natural History of Religion:

(a) Greek Theory (1) Worship of Heavenly bodies: Evidences, Syrian, Persian, Egyptian & Babylonian; led to the belief after Alexanderian Conquest:

■ 图为汤用彤先生在哈佛大学研究院《宗教史大纲》英文手稿（约在1921年）。

■ 汤用彤先生回国后，最初任教于东南大学。1924年，东南大学通过了撤销吴宓先生、梅光迪先生开设的西方文学系的决议。作为一名哲学系教授，汤用彤也随同两位挚友一同离开了。

图为汤先生在东南大学。

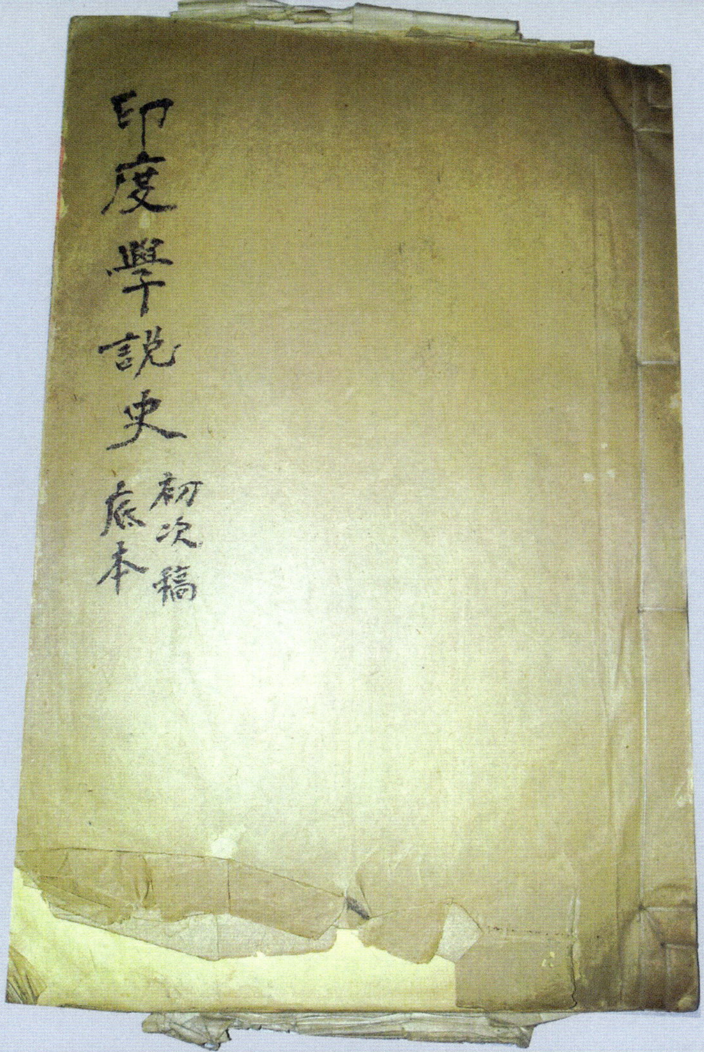

■ 图为《印度哲学史略》的最初稿本（约在1924年）。

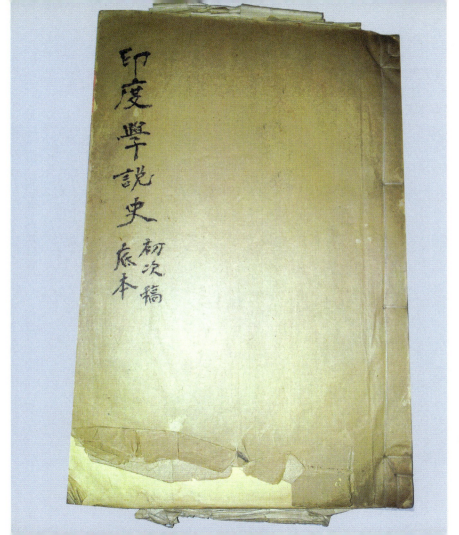

■ 汤用彤先生作为《学衡》社骨干成员之一，为该学派思想的传播做出了不可或缺的贡献。他在杂志上发表的《评近人之文化研究》中不但批判了全盘西化主义者，也痛陈了守旧主义者的诸多弊端。

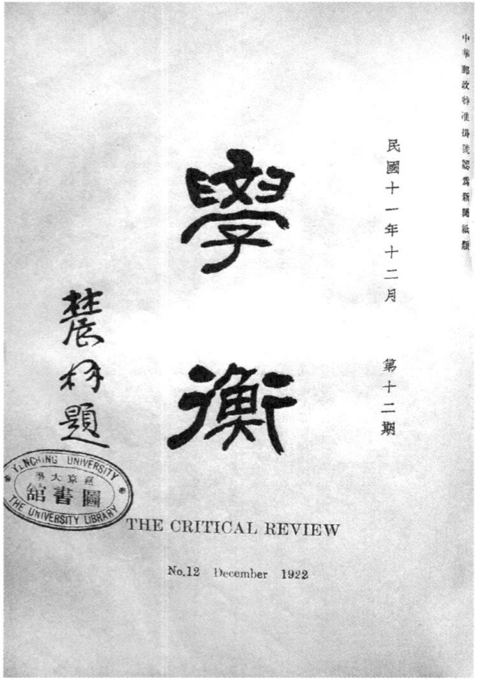

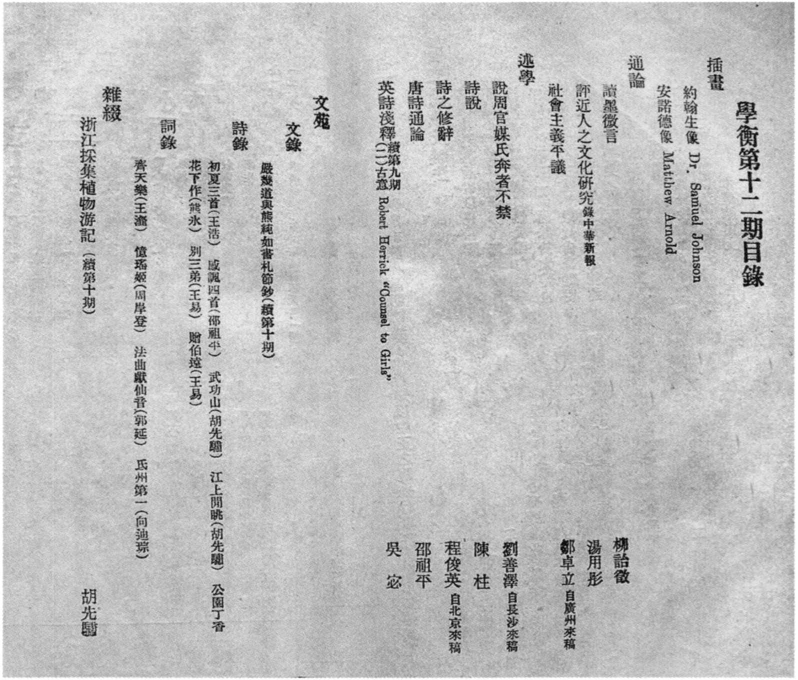

學衡第十二期目錄

插畫
約翰生像 Dr. Samuel Johnson
安諾德像 Matthew Arnold

通論
讀墨微言 柳詒徵
評近人之文化研究 錄中華新報 湯用彤
社會主義平議 鄒卓立 自廣州來稿

述學
說周官媒氏奔者不禁 劉善澤 自長沙來稿
詩說 陳柱
詩之修辭 程俊英 自北京來稿
唐詩通論 邵祖平
英詩淺釋續第九期 (十一)古意 Robert Herrick "Counsel to Girls" 吳宓

文苑
文錄
嚴幾道與熊純如書札節鈔(續第十期)
詩錄
初夏三首(王浩) 感諷四首(邵祖平) 武功山(胡先驌) 江上閒眺(胡先驌) 公園丁香花下作(熊冰) 別三弟(王易) 贈伯遠(王易)
詞錄
齊天樂(王瀣) 憶瑤姬(周岸登) 法曲獻仙音(郭延) 氐州第一(向迪琮)

雜綴
浙江採集植物游記(續第十期) 胡先驌

■ 学术上的坚定立场并没有导致他与其他学派学者产生冲突，反之，他与一些与自己志趣不合的学者，如胡适等也能建立起良好的学术沟通。

图为1924年，汤用彤先生与熊十力、柳诒徵两先生摄于南京。

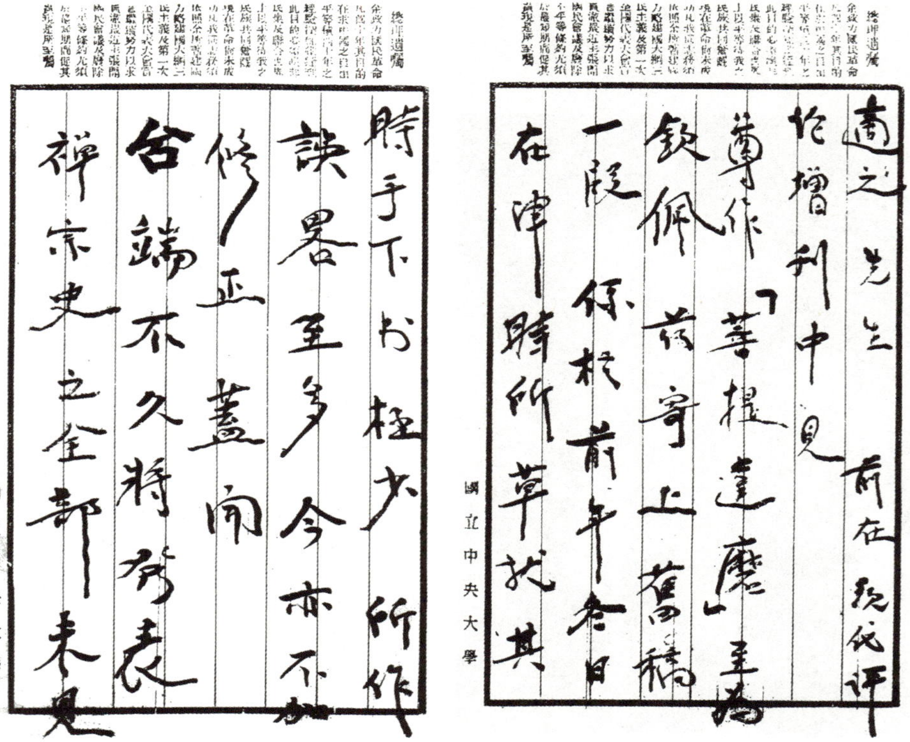
適之先生：前在《現代評論》增刊中見尊作「菩提達磨」，並為欽佩。前寄上舊稿一段，係於前年冬日在津時所草就，其時手下書極少，所作訛略至多，今亦不加修正，蓋聞台端不久將發表禪宗史之全部，未見……

國立中央大學

此件为汤用彤先生1928年致胡适的一封信，它是两人最早的通信。

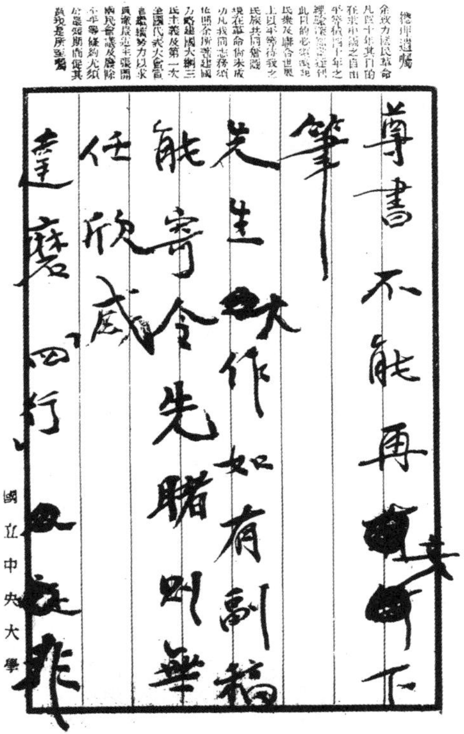
總理遺囑
余致力國民革命凡四十年其目的在求中國之自由平等積四十年之經驗深知欲達到此目的必須喚起民衆及聯合世界上以平等待我之民族共同奮鬥現在革命尚未成功凡我同志務須依照余所著建國方略建國大綱三民主義及第一次全國代表大會宣言繼續努力以求貫徹最近主張開國民會議及廢除不平等條約尤須於最短期間促其實現是所至囑
尊書不能再[illegible]下筆
先生大作如有副稿
能寄令先睹則無
任欣感
達磨四行[illegible]
國立中央大學

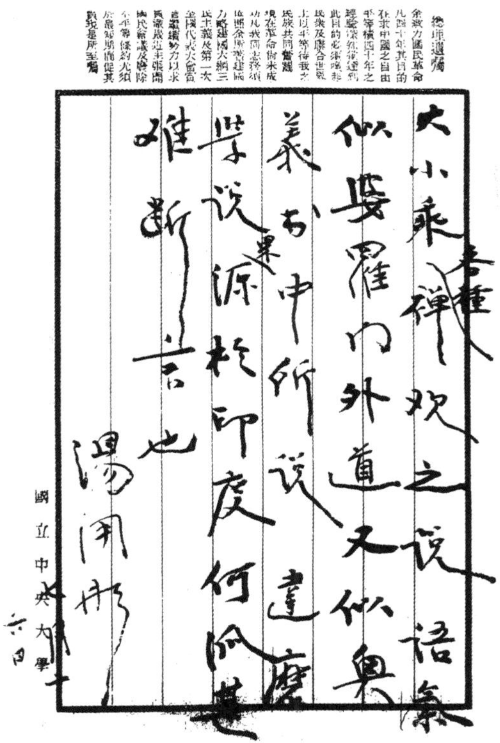
總理遺囑
余致力國民革命凡四十年其目的在求中國之自由平等積四十年之經驗深知欲達到此目的必須喚起民衆及聯合世界上以平等待我之民族共同奮鬥現在革命尚未成功凡我同志務須依照余所著建國方略建國大綱三民主義及第一次全國代表大會宣言繼續努力以求貫徹最近主張開國民會議及廢除不平等條約尤須於最短期間促其實現是所至囑
大小乘各種禪觀之說語氣
似婆羅門外道不似奧
義書中果所說達磨
學說源於印度何時甚
難斷言也
湯用彤
六日
國立中央大學

■ 1931年，汤用彤先生等十名研究教授应胡适先生之邀来到北京大学。

■ 在1922—1937年间，汤用彤先生一共开设了近四十门课程，包括“中国佛教史”、“汉魏两晋南北朝佛教史”、“印度哲学史”、“哲学概论”、“欧洲哲学史”、“英国经验主义”等，以及关于斯宾诺莎、贝克莱等欧洲哲学家的专题讲座。

图为汤用彤在北大、西南联大讲授“中国佛教史”的讲稿提纲首页。

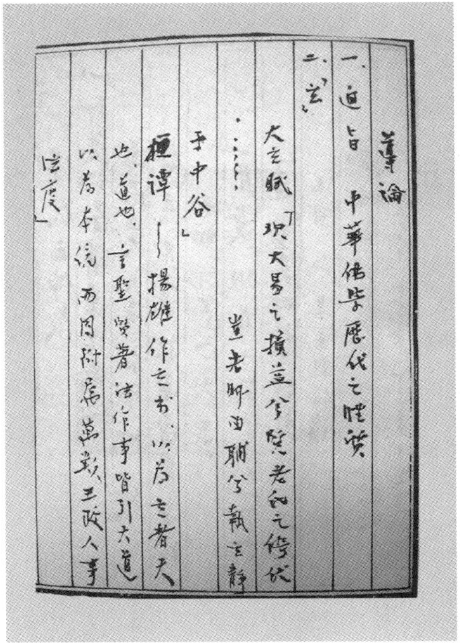

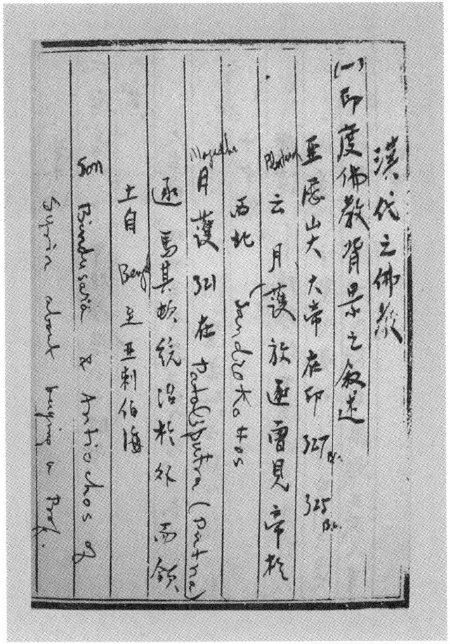

■ 1935年，汤用彤先生任哲学系主任。从回国后到1950年以前也是他学术生涯的顶峰时期。这一时期，汤先生完成其数部传世之作，如《汉魏两晋南北朝佛教史》、《隋唐佛教史稿》和《印度哲学史略》等。

汤用彤先生关于东方哲学的研究成果主要有三个方面：中国佛教史研究、魏晋玄学研究与印度哲学研究。首先，汤用彤考证了佛教思想在中国的传播模式与发展过程。他认为，佛教思想之所以在中国生根、发芽，取决于其与当时盛行中国的道家等思想的相似性；与此同时，它也受到儒学的影响，不免成为“别开生面的中国理论”。然而，印度佛教思想本土化的过程实际上也带动了中国文化的进化，例如魏晋时期，曾经盛行一时的两汉以来的方术逐渐被扬弃，而对本体的探寻和思考成为名士们津津乐道的话题。汤氏也详细比较了南北佛教的差异，以及造成该差异的原因，讨论了不同朝代佛教思想兴衰以及嬗变的原因与条件。

■ “魏晋玄学”一词，始出于用彤先生。汤用彤少年时期就“寄心于玄远之学”，在民不聊生的战争年代，遁世、充满思辨的玄学更是成为了他的精神慰藉。在他看来，玄学的产生与老庄思想的盛行与东汉末年旧文化中心的解体以及魏晋时期的政治迫害等因素不无关系。他分析了不同玄学派别在政治观、自然观等方面的差异，并深刻论述了魏晋玄学在中国哲学发展史上的划时代的独创性，从探讨具体事物的具体特性，抽象到对普遍原理的概括；将对宇宙材质的陈述升华至对宇宙本体的窥探。在关于印度哲学的研究里，汤用彤先生对印度佛教哲学经典进行了详尽的梳理，并概括了其独有特征。汤先生关于佛学、玄学等的研究在中国哲学领域占有重要的地位。

■ 来到北大以后，汤用彤一家搬到了汤老夫人购置的缎库胡同3号。

图为汤用彤及夫人，次子汤一介，大女儿汤一平与小女儿汤一梅（前排左一）在缎库胡同，他们时常在宽敞的大院里同其他孩子们一起滚铁环、打乒乓球、滑冰……尚处幼年的小女儿因疟疾于1935年去世。1937年，卢沟桥事变爆发。

■ 1933年，汤用彤与夫人、次子、幼女、干女儿以及兄长汤用彬的两个女儿在颐和园。

■ 摄于1935年或1936年北平中山公园的全家福。从左至右：汤夫人，汤用彤先生次子汤一介，长子汤一雄，幼女汤一平，汤用彤。当时，读高中的汤一雄于汇文中学军训归来，汤一介还在孔德小学念书。据汤一介先生回忆，汤一雄是一位精力充沛、开朗外向的革命青年，而比自己小一岁的妹妹善良乖巧，父亲非常宠爱她，经常把她抱在肩头哄她睡觉。不幸的是，1939年，年轻的汤一雄在一次盲肠炎手术中因医疗事故去世，而年仅15岁的汤一平，那个在纷飞的战火中协助妈妈卖衣服维生的小大人，那个抬着天真的小脸问哥哥“小鸡是不是会像花草一样，今年死了，明年还会长出来”的小妹妹，也于1944年过早地离开了人世。这些悲剧给用彤先生一家莫大的打击。

■ 汤先生与家人在庐山。汤用彤先生极具经济头脑的母亲梁氏夫人于1933年在庐山牯岭大林路三号购下了三栋别墅，分别供梁夫人、汤用彤一家，以及汤用彬一家居住。1933年至1935年每年夏天，一大家子人都会来到这里度假消暑。庐山秀丽的风景与这里无忧无虑的生活给一家人留下了难以磨灭的美好回忆。

■ 汤用彤先生，儿时的汤一介与汤用彬的两个小儿子在庐山瀑布前。

■ 汤用彤先生与母亲梁夫人在庐山。

■ 汤用彤先生喜静坐，经常一边抽烟一边思考哲学问题。1954年中风之后，他不得不戒掉吸烟这个严重影响他身体健康的嗜好。图为汤先生在庐山。

■ 1934或1935年摄于洛阳龙门。汤用彤先生一生极少旅游，也少有学术以外的兴趣爱好，他把自己大部分时间和精力都献给了自己心爱的学术研究。除了陪同家人以外，先生出游的次数屈指可数。龙门之行，也大抵是出于研究佛教文化之需。

■ 1935或1936年，胡适在北京宴请日本佛学家铃木大拙。照片左一为汤用彤先生，左三为胡适先生，左四为铃木。

■ 1936年夏，汤用彤先生一家在颐和园。

■ 约摄于1937年在湖南长沙岳麓书院。图左为汤用彤先生长子汤一雄。据汤一介先生回忆：自己的哥哥从小“既聪明又有本事”，喜欢摆弄照相机、收音机，长大后的他热衷于革命运动，参加了“一二·九”运动，并于1938年在长沙加入中国共产党。当然，这是父亲所不知的，也与他的期望相去甚远：汤用彤先生对儿子的期望是“子承父业”，读书治学。汤一介先生清晰地记得在自己还在上小学时，哥哥曾经抱着一大摞“一二·九”运动的传单回家，得意洋洋地问：“你敢不敢喊‘毛泽东万岁’？”相片中的汤一雄很可能已经加入了中国共产党外围组织。

■ 汤用彤先生一家与兄长的两个女儿以及干女儿陈氏在香山碧云寺。左一为汤用彤先生。

■ 全家在八大处游玩。左二骑驴者为汤用彤先生，牵驴者为汤一雄。可惜和平幸福不再，1937年，抗日战争爆发，随着北京大学的南迁，一家人开始了颠沛流离的生活。1938年，西南联大成立，汤用彤先生和汤一雄（此时汤一雄已是西南联大的一名学生）经长沙辗转到昆明，其他家人则留在北平。1939年，汤用彤先生曾北上经天津试图将妻儿接到云南，谁知一场大洪水让他与家人团聚的心愿无法实现，只得原路返回昆明。

■ 汤夫人闻讯立即决定亲自带孩子奔赴云南。同行的还有由她照顾的北大哲学系教授邓以蛰的一双年幼的儿女邓仲先和邓稼先（后来曾为中国原子能发展作出重大贡献）。

图为在北京相聚（约摄于1963年前）。自左至右：邓仲先、汤老夫人、邓以蛰夫人、邓稼先。

■ 汤用彤先生在云南。1938年后，汤用彤先生担任西南联大哲学系主任、文学院院长。在云南的岁月里，生活条件极其艰苦，头顶是隆隆的轰炸声，四周是破败坍圮的房屋，汤用彤在西南联大的薪水入不敷出，需要依靠汤夫人变卖衣物，甚至是陪嫁的首饰支撑这个家。然而，汤用彤并没有被艰难困苦所击倒，只要头顶还有一片砖瓦，他的魏晋玄学研究就不会被打断。更为难能可贵的是，他于患难中，始终保持着传统意义上的优秀文人的风骨，甚至坚决不任二职。他与金岳霖先生痛斥那些以“学问作为进身阶梯”的学者，不愧为西南联大时期中国学者的杰出代表。

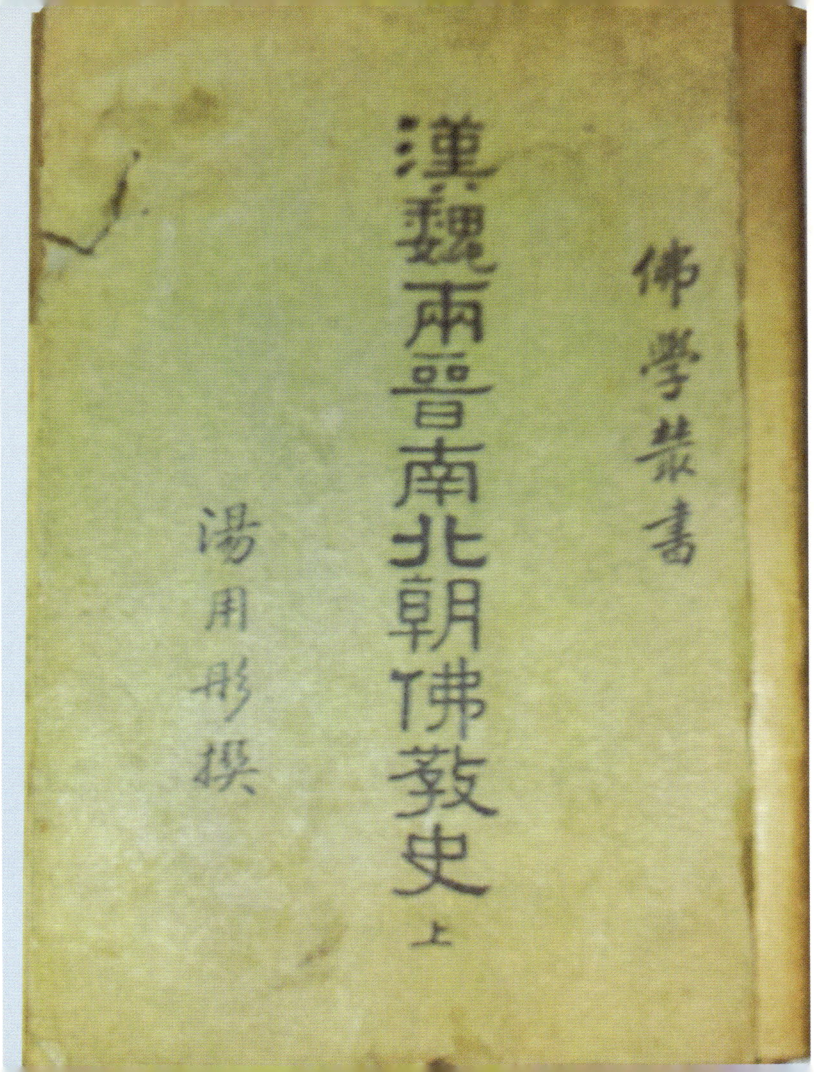

■ 图为1938年由商务印务馆出版的《汉魏两晋南北朝佛教史》（初版）。

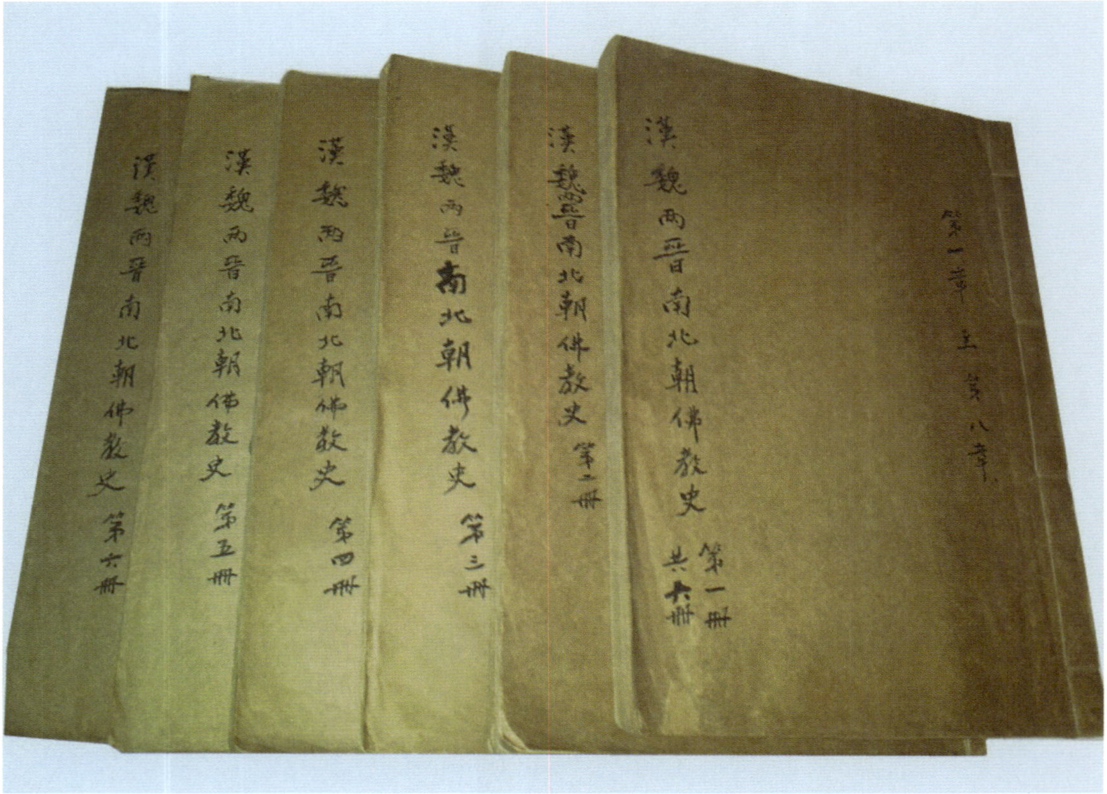

■ 图为汤用彤先生《汉魏两晋南北朝佛教史》手稿本（1938）。

■ 图左为明朝广胜寺藏经世称《赵城藏》中之一本封皮的一部分。图右为保存该封皮的信封以及信封上用彤先生的笔迹。《赵城藏》又称《金藏》，是金代汉文大藏经私刻本。

抗战时期，为了保护《赵城藏》不被日本人劫走，中国共产党派出军队搬走了藏经，并将其藏于山洞内。由于山洞内较为潮湿，部分经卷被毁，但总体保存较为完好。藏经的一册为北平的“保古斋”书斋所得，店主将其呈给汤先生，希望他购买该藏经。虽然先生并未购买，但经店主同意，他将无意掉下的一块封皮珍藏了起来。

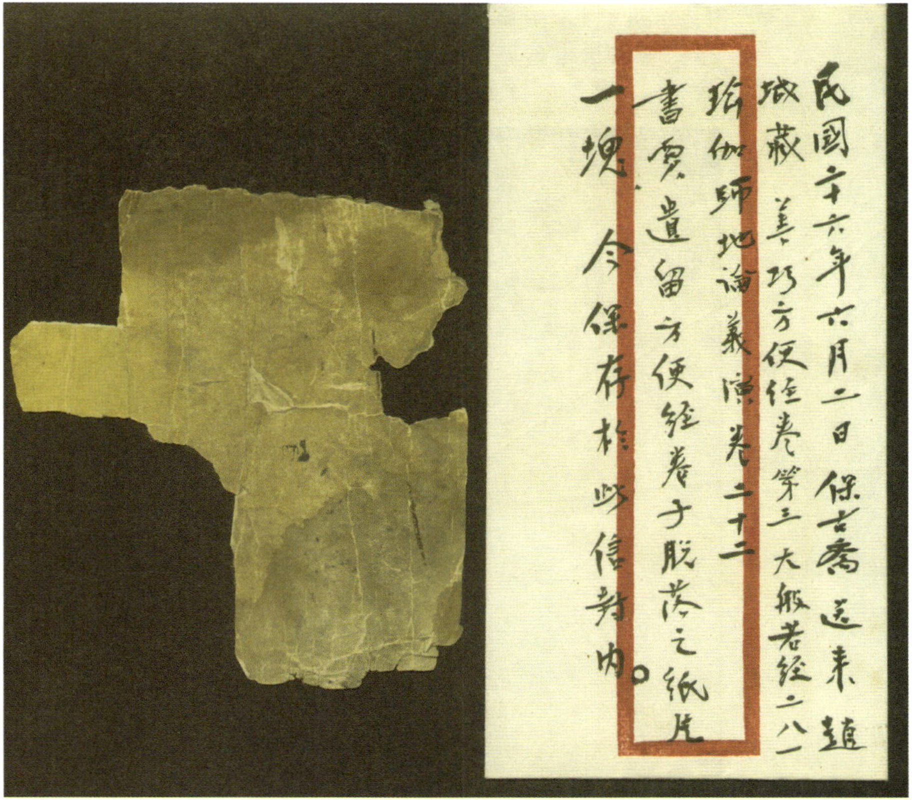

■ 图为汤用彤先生致金陵大学图书馆馆长李小缘先生的一封信。

信中说，原本想聘请金陵大学历史系教授向达为特别研究员，允许向达先拿稿费，后交稿。但既然格于成例，专著至今尚未完成，此事只能以后再议。

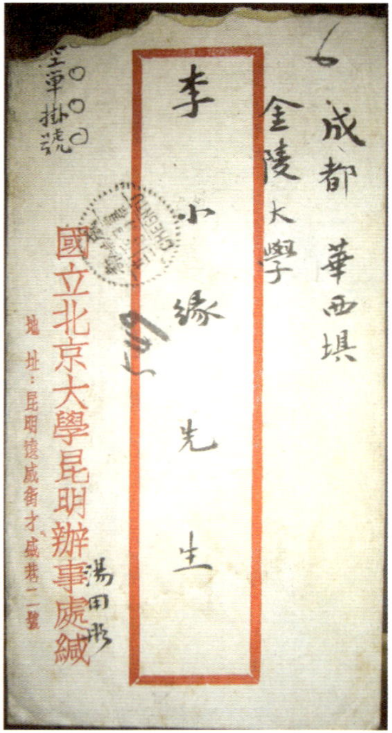
空軍掛號

成都華西壩
金陵大學
李小緣先生

國立北京大學昆明辦事處緘
地址：昆明遠威街才盛巷二號
湯用彤

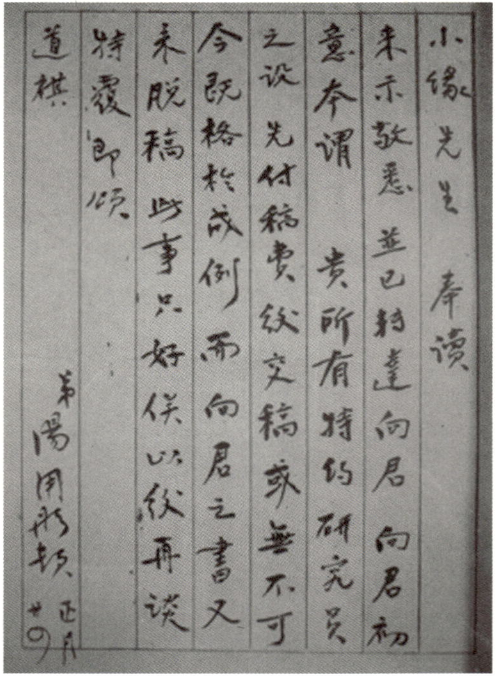
小緣先生 奉讀
來示敬悉。並已轉達向君。向君初
意本謂 貴所有特約研究員
之說，先付稿費，然交稿或無不可。
今既格於成例，而向君之書又
未脫稿，此事只好俟以後再談。
特覆，即頌
道祺
弟湯用彤頓 正月廿九

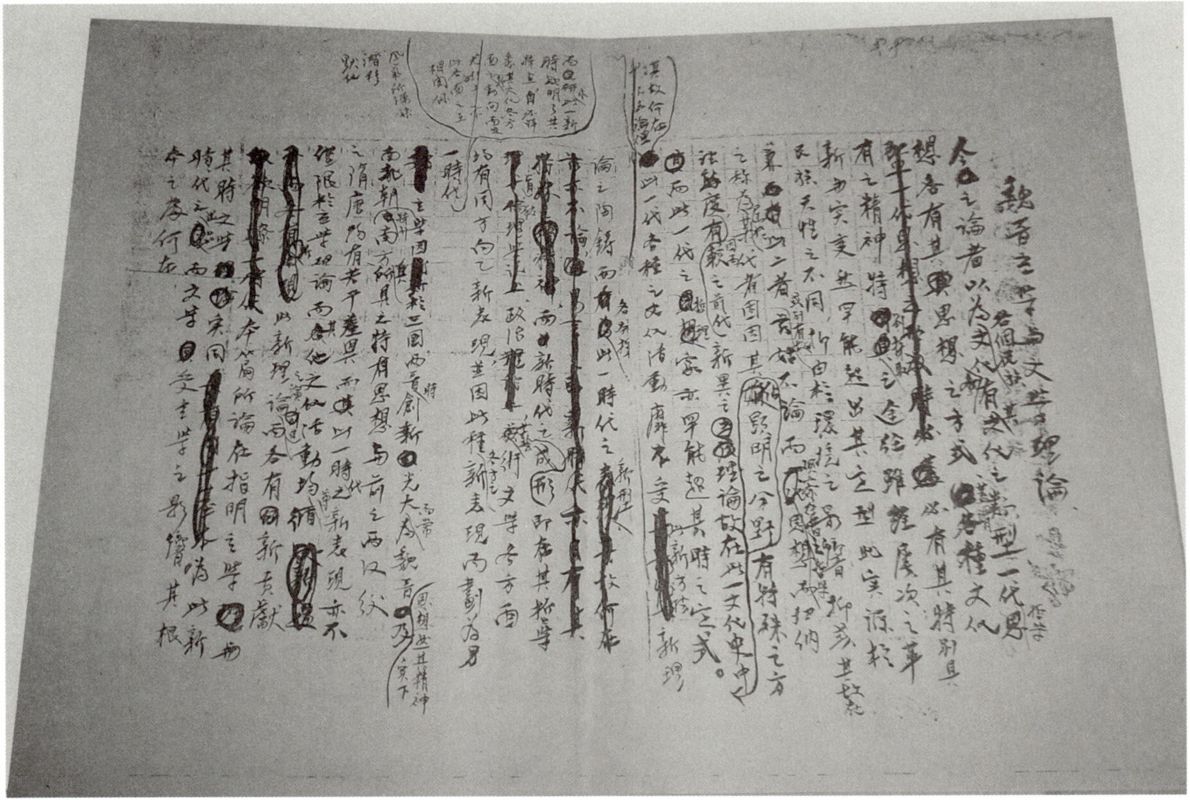

图为汤用彤先生《魏晋玄学与文学理论》（1942—1943）。

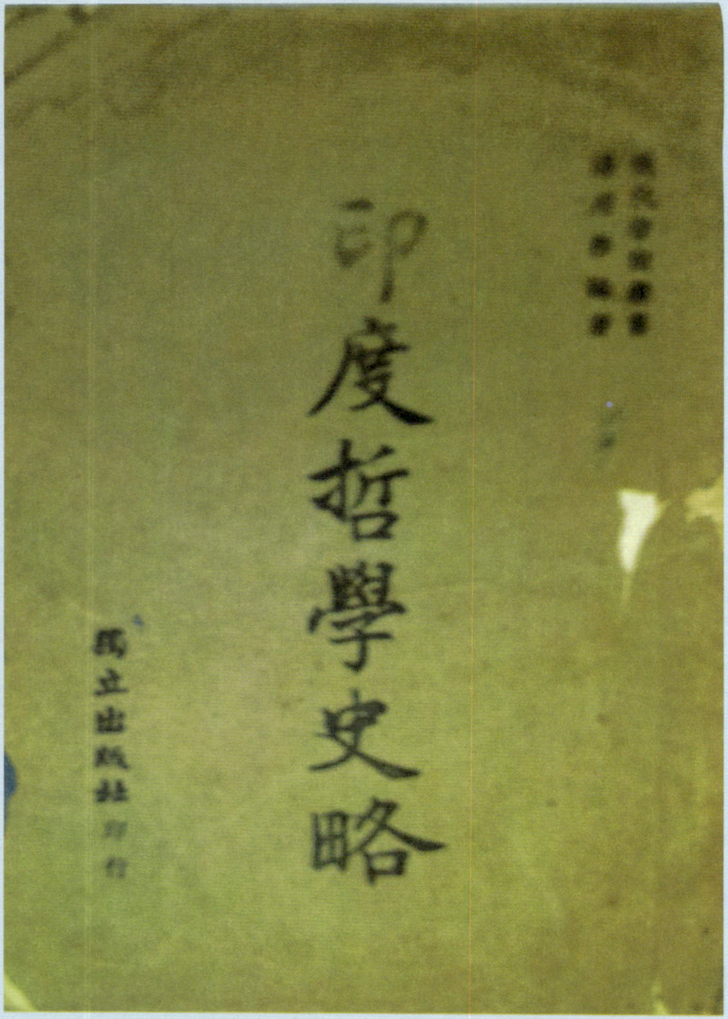

■ 图为1945年由独立出版社出版的《印度哲学史略》（初版）。

■ 1947年，第一届中央研究院院士会议在南京召开。汤用彤先生被选举为院士及评议会评议员。同时当选院士的其他学者包括胡适、傅斯年、陈寅恪、竺可桢、冯友兰、吴大猷等（二排左四为汤用彤先生）。

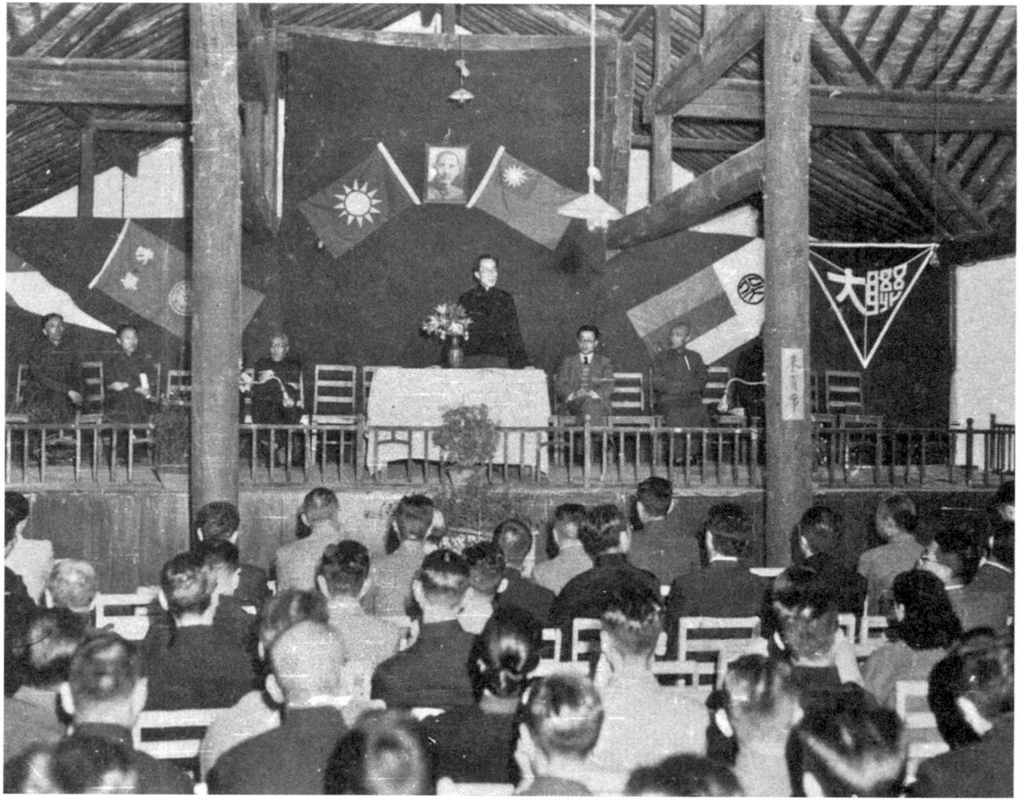

■抗战结束后，时任北大校长的胡适先生因身体欠佳留在美国休养，而代理校长傅斯年也长期身处重庆。因此，管理北大搬迁以及学生教授去向的重担落在了汤用彤先生肩上。

图为抗战胜利后，国立西南联合大学于1946年5月4日举行结业典礼，正式宣告联大结束。随后，北大、清华、南开三校复员北返。图为结业典礼会场。梅贻琦（左四）主持大会，汤用彤（左三）代表北京大学发言。

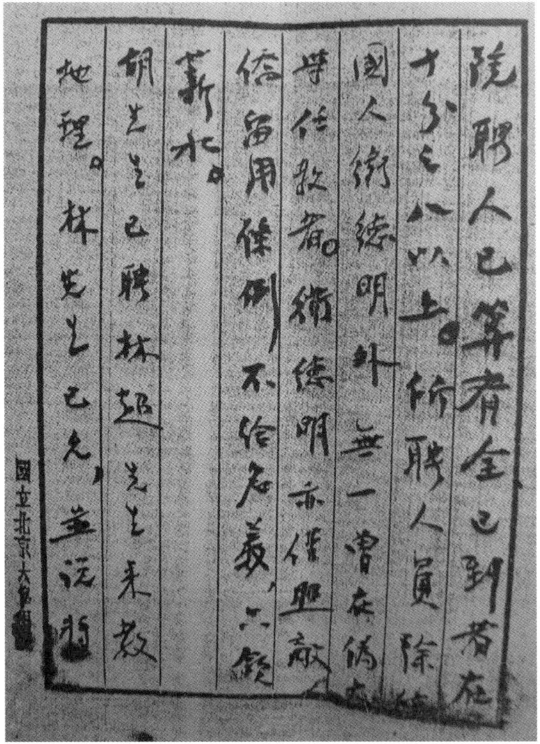

院聘人已等齊全，已到者在
十分之八以上。所聘人員除
國人衛德明外，無一曾在偽
學任教者。衛德明亦僅依敵
僑留用條例，不給名義，只領
薪水。
胡先生已聘林超先生來教
地理。林先生已允，並從[illegible]將

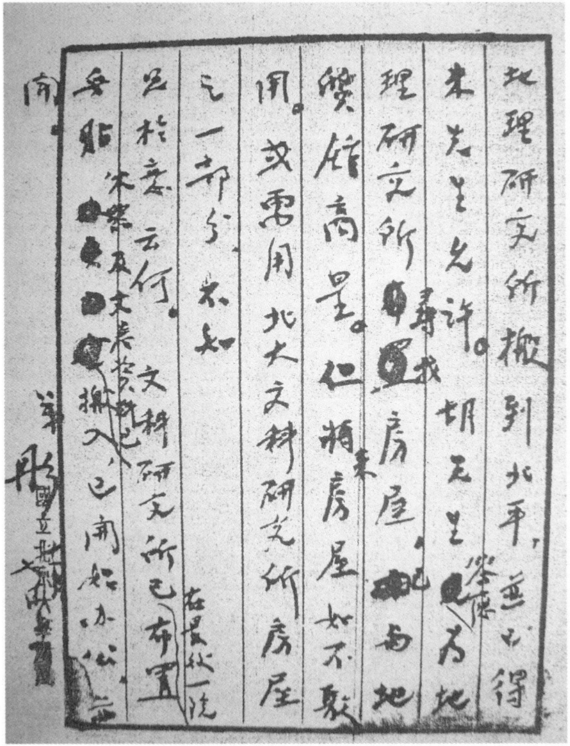

地理研究所搬到北平，並不得
來先生允許。胡先生[illegible]為地
理研究所尋找房屋，[illegible]地
變館商量。但稍[illegible]房屋如不敷
用，或需用北大文科研究所房屋
之一部分，未知
兄於意云何。文科研究所已布置[illegible]
[illegible]已開始辦公[illegible]

■ 此件为汤用彤先生致傅斯年的信（1947）。

■ 1947年，一切就绪，54岁的汤先生应邀到达美国加州大学伯克利分校讲授汉隋哲学史一年。

图为赴美邮轮上。

■ 在伯克利分校讲学期间，汤用彤先生与伯克利大学东方语文学系教授陈世骧先生合影于陈世骧的住宅“六松山庄”。

■ 图为汤用彤先生在伯克利寓所。

■ 大洋彼岸的加州虽然风光旖旎，气候宜人，也没有战乱的纷扰，可是每当夜深人静的时候，孤灯下苦读的汤用彤先生不免想起妻子和儿子，想起自家四合院大门上大红大绿的年画。他觉得在这里，自己只是一个异乡客。

图为汤用彤先生在加州。

■ 1948年汤用彤先生在美国结识了众多学者。
图为汤用彤先生与陈世骧等学者在加州。

■汤用彤先生与友人泛舟于旧金山附近的一条小河之上。

1948年汤用彤先生在归国轮船上。

■ 汤用彤先生从美国讲学归来，1948年于上海下船，顺道前往南京探望兄长汤用彬的女儿汤一雯（右）。汤一雯此时在南京美国新闻处工作。

■ 1948年12月，任北京大学校长的胡适匆匆离开北平，并留下便函给汤用彤及郑天挺。信函大致内容说自己走得匆忙，北大的事情托付给他们料理，自己绝不会忘记北大。之后，北大教授通过会议选举汤用彤先生为校委会主席。解放军进入北平后，对大学采取“接而不管”的政策，因此汤用彤先生依然任校委会主席直至1951年，人民政府任命马寅初为北大校长，汤用彤为副校长，分管学校基础建设工作。

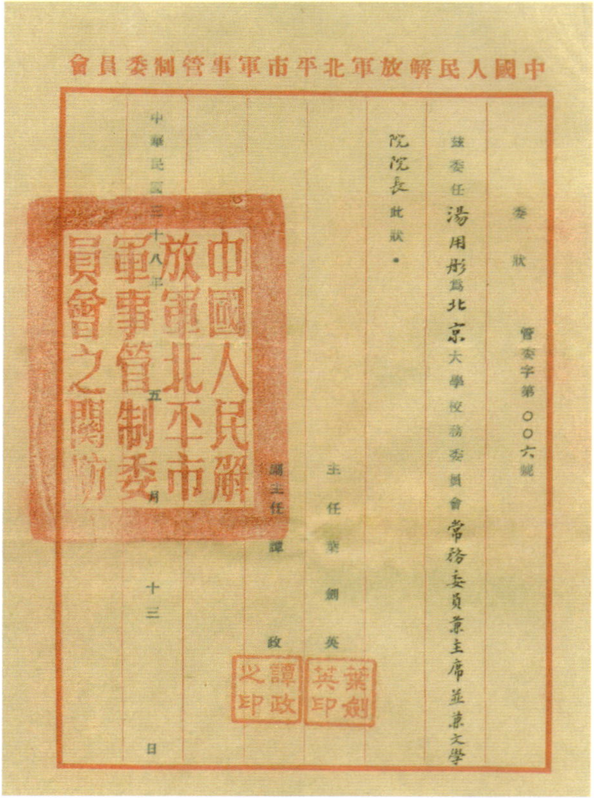
中國人民解放軍北平市軍事管制委員會

委狀　管委字第〇〇六號

茲委任湯用彤為北京大學校務委員會常務委員兼主席並兼文學院院長此狀。

主任　葉劍英

副主任　譚政

中華民國三十八年五月十三日

中國人民解放軍北平市軍事管制委員會之關防

葉劍英印　譚政之印

■ 国立北京大学教授聘书。

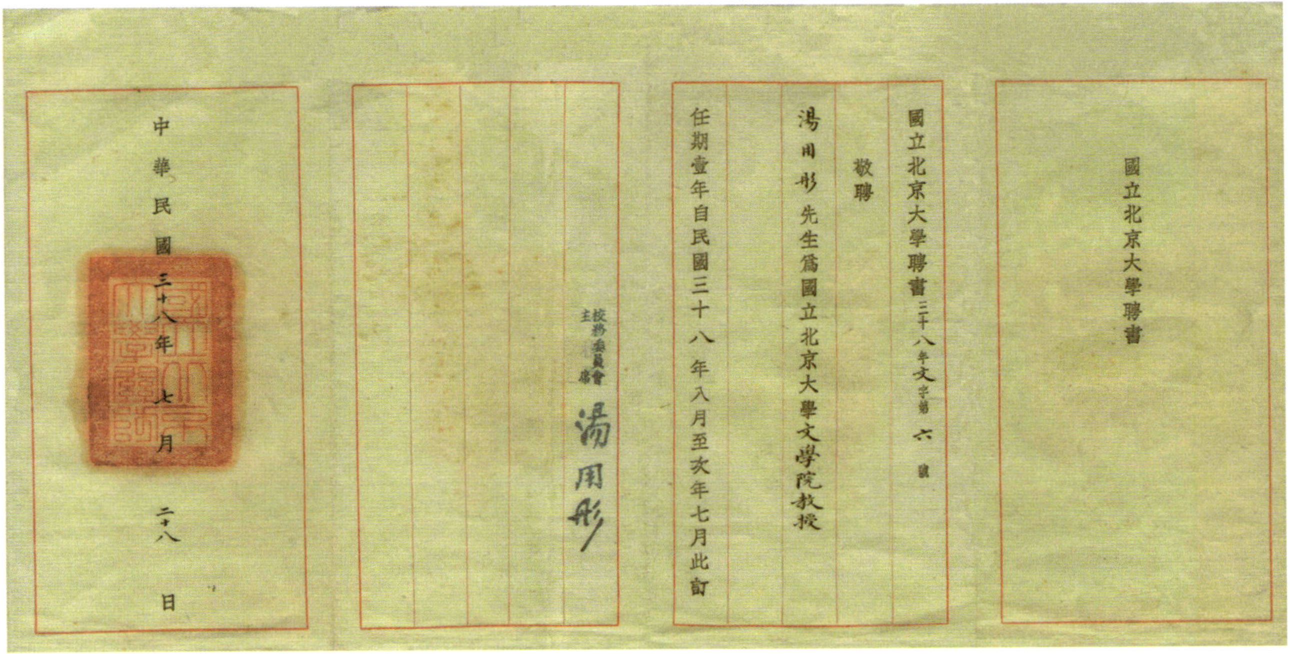

國立北京大學聘書

國立北京大學聘書三十八年文字第六號

敬聘

湯用彤先生為國立北京大學文學院教授

任期壹年自民國三十八年八月至次年七月此訂

校務委員會主席 湯用彤

中華民國三十八年七月二十八日

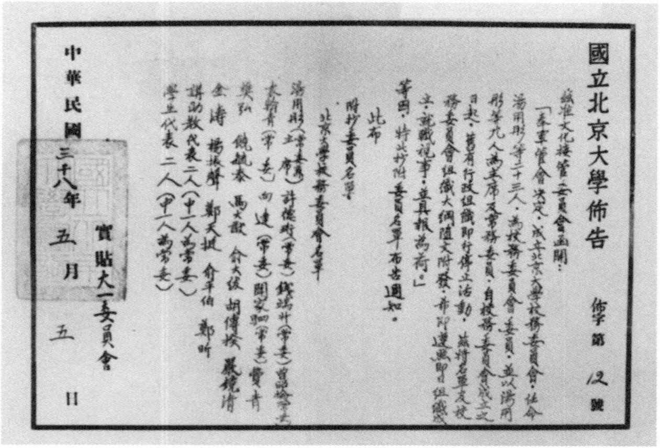

國立北京大學佈告　佈字第12號

茲准文化接管委員會函開：

「奉軍管會決定，成立北京大學校務委員會，任命湯用彤等二十三人為校務委員會委員，並以湯用彤等九人為主席及常務委員。自校務委員會成立之日起，舊有行政組織即行停止活動，茲將名單及校務委員會組織大綱隨文附發，希即遵照即日組織就職視事，並具報為荷。」

等因，特此抄附委員名單布告週知。

此布

附抄委員名單

北京大學校務委員會名單

湯用彤（常委兼主席）　許德珩（常委）　錢端升（常委）　曾昭掄（常委）
袁翰青（常委）　向達（常委）　聞家駟（常委）　費青
樊弘　饒毓泰　馬大猷　俞大紱　胡傳揆　嚴鏡清
金岳霖　楊振聲　鄭天挺　俞平伯　鄭昕
講助教代表二人（中一人為常委）
學生代表二人（中一人為常委）

中華民國三十八年五月五日　實貼大一　委員會

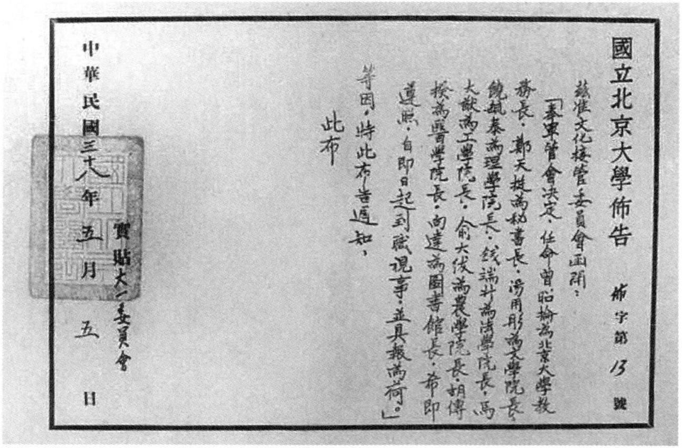

國立北京大學佈告　佈字第13號

茲准文化接管委員會函開：

「奉軍管會決定，任命曾昭掄為北京大學教務長，鄭天挺為秘書長，湯用彤為文學院院長，饒毓泰為理學院院長，錢端升為法學院院長，馬大猷為工學院院長，俞大紱為農學院院長，胡傳揆為醫學院院長，向達為圖書館長，希即遵照，自即日起到職視事，並具報為荷。」

等因，特此布告週知。

此布

中華民國三十八年五月五日　實貼大一　委員會

■ 1949年5月，汤用彤被任命为北京大学校务委员会主席，兼文学院院长。

■ 1949至1951年，汤用彤先生任北大校委会主席。1950年，和北大部分教授一起参观新开放的红楼李大钊工作室。从左至右依次为：袁翰青、罗常培、许德珩、汤用彤、向达、闻家驷、马大猷、俞铭传、王寿山、郝诒纯、王利器、钱端升。

■ 1949年9月，汤用彤（前排左一）作为“中华全国教育工作者代表会议筹备委员会”的代表之一出席了第一届全国政治协商会议。中排左一、二、六为叶圣陶、叶企孙、钱俊瑞，后排左一、二为江隆基、杨石先。

■ 1949年2月28日，汤用彤（前排左二）与北平军事管制委员会文化接管委员会主任钱俊瑞（前排左三）等在北京大学欢迎接管大会主席台上。

■ 20世纪50年代，北京大学在教学制度、内容、方法和组织等方面进行了一系列改革。图为汤用彤（右二）与哲学系教师讨论教学。右一为冯友兰，右三至五为朱谦之、黄子通、石峻。

■ 1951年，汤先生在颐和园接见苏联代表团。前排右一为代表团团长，右二为汤用彤。

■ 1951年，汤用彤先生慰问华北军区解放军，为解放军战士们签字、讲话。先生的善良与和蔼让与其共事过的人无不赞叹。甚至在用彤先生去世之后，文革爆发之时，当红卫兵闯入汤宅准备销毁汤家所有藏书的时候，一个红卫兵头目闯进来阻拦部下：『这是汤先生的书，汤先生可是个大好人。』汤用彤先生的人格魅力，甚至在他离开人世之后，依旧发出不朽的光辉。

■ 从昆明迁回北平，汤用彤一家先住北海东面小石作胡同3号。1947年应傅斯年先生之邀，任中央研究院历史语言研究所驻北平办事处主任而迁居于东厂胡同1号，右一为邓广铭之女邓可蕴，她和汤用彤，汤一介都有着深厚的感情。汤家此时已经没有女儿了，因此父子俩对她的关爱如同对亲女儿，亲妹妹一样。照片约摄于1949年东厂胡同内，据说当时邓可蕴正在向汤用彤先生展示自己新买的自行车。

■ 1951年，毛泽东主席任命汤用彤先生为北京大学副校长。

中央人民政府任命通知書

府字第3984號

茲經中央人民政府委員會第十二次會議通過任命湯用彤為北京大學副校長

特此通知

主席 毛澤東

一九五一年九月三日

■ 1950年，汤用彤被中国科学院院长郭沫若先生聘请为专门委员。此时中科院委员会尚未成立。

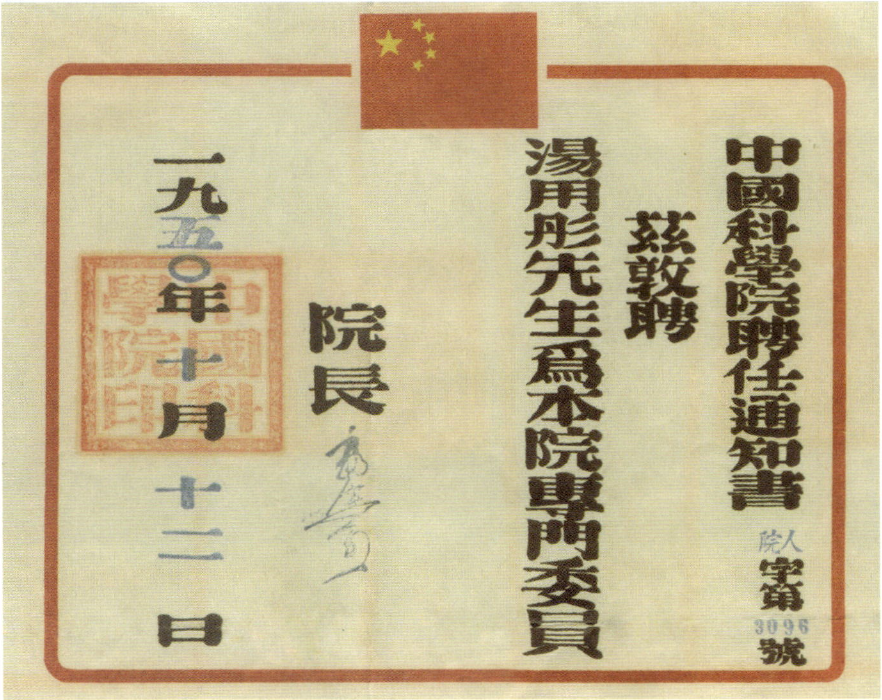

中國科學院聘任通知書

院人字第3096號

茲敦聘

湯用彤先生為本院專門委員

院長

一九五〇年十一月十二日

中國科學院印

■ 图为与北京大学经济系1951级毕业生合影。

■ 20世纪50年代初，北大教授签名拥护各党派联合宣言，支持『抗美援朝、保家卫国』运动。右起：汤用彤、曾昭伦、冯至、季羡林、向达、楼邦彦、邓广铭、马坚。

■ 汤用彤（右一）与马寅初（右二）、江隆基（右五）和苏联专家在北大未名湖畔。

■ 自1951年汤用彤先生任北京大学副校长，并被委任主管全校基建之后，他经常去各个工地考察，不再从事教学工作。

■ 1953年汤用彤先生与夫人在颐和园。

■ 1953年，汤用彤先生的长孙女出生了，先生赐名为汤丹。汤用彤的眼神中满是作为一个祖父的喜悦与慈爱。

■ 1954年，与同事在颐和园欢送北京大学校长顾问、苏联莫斯科大学政治经济学专家古马青珂一家。左起：张友仁、陈振汉、侯仁之、周培源、古马青珂夫人、古马青珂女儿、古马青珂、江隆基、汤用彤、严仁庚、蔡沐培、史梦达、尹达。

■ 1954年5月，汤用彤（前排右二）出席全国政协组织的《中华人民共和国草案（初稿）》座谈会。

■ 汤用彤、汤一介先生父子与杨辛先生讨论国学。1943年，汤一介在南开中学的同学杨辛加入了抗日远征军赴缅甸作战。战争胜利后，由于拒绝组织将其调动到东北战场的安排，辗转来到昆明，见到汤用彤先生父子，告诉他们自己不愿再替国民党打仗了，汤用彤先生便将杨辛与另一名从战场上逃脱的同学于豪达收留在昆明家中。汤用彤对杨辛的楷书非常赏识，让他帮自己抄写书稿，三人也时常在一起讨论哲学，相处得格外融洽。十余年后，周恩来总理发表了一篇关于《知识分子的地位要有所提高》的讲话，其中明确指出要尊重老一辈学者并为他们配备学术助手，此时的用彤先生第一个想到的就是写得一手好字的杨辛。汤用彤立刻向北大申请，提请在东北工作的杨辛到北京做自己的学术助理，后来的杨辛也成为北大哲学系教授，著名的书法家、美学家、画家。由此可见汤用彤先生的敏锐眼光和善良、慷慨、惜才、爱才的高尚品质。

■ 图为汤用彤于1954年作为湖北省代表当选第一届人大代表的证书，其后任第二届和第三届人大代表，但皆因病未能出席会议。

■ 图为1954年左右，汤先生与夫人在燕南园。

昔日的燕南园里，有三棵高大的银杏树，还有几株龙爪槐。汤夫人极为娴静，喜爱花草，曾在园中种下许多丁香和草莓。

■ 1956年，汤用彤夫妇与孙女合影。

■ 1954年夏，批判胡适的运动刚开展不久，汤用彤先生或许由于与胡适先生关系甚为密切，心情非常复杂，加上身体状况每况愈下，终因脑溢血病倒，入住协和医院，昏睡了一个多月。右侧为照顾他的护士。

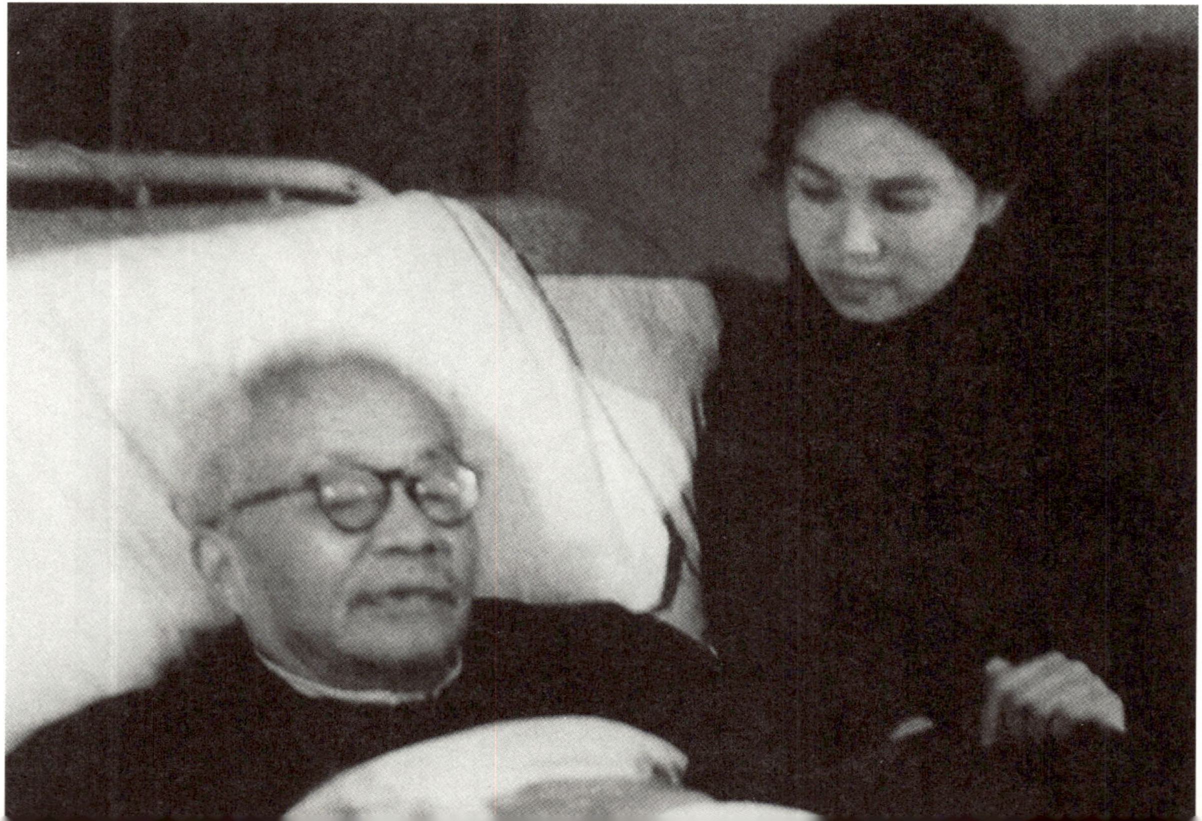

■ 1954年，汤用彤先生大病初愈。病后的汤先生写字已有较大困难，但他依旧坚持学术研究，口述著作，并长期由刘苏女士（图左）帮他做记录工作。

照片约摄于1956至1957年间。

■ 图右为病后一直照顾汤先生起居的林文才。他也是汤先生要好的朋友。

■ 照片摄于20世纪60年代初，汤用彤先生在燕南园58号住宅查书。汤先生多年来呕心沥血，笔耕不辍，经常工作到凌晨两三点钟。长期的体力透支给他埋下了高血压、心脏病等健康问题的病根。自1954年起，由于身体状况的恶化，老先生晚上基本已经无法工作，只能利用白天的时间读书写作。

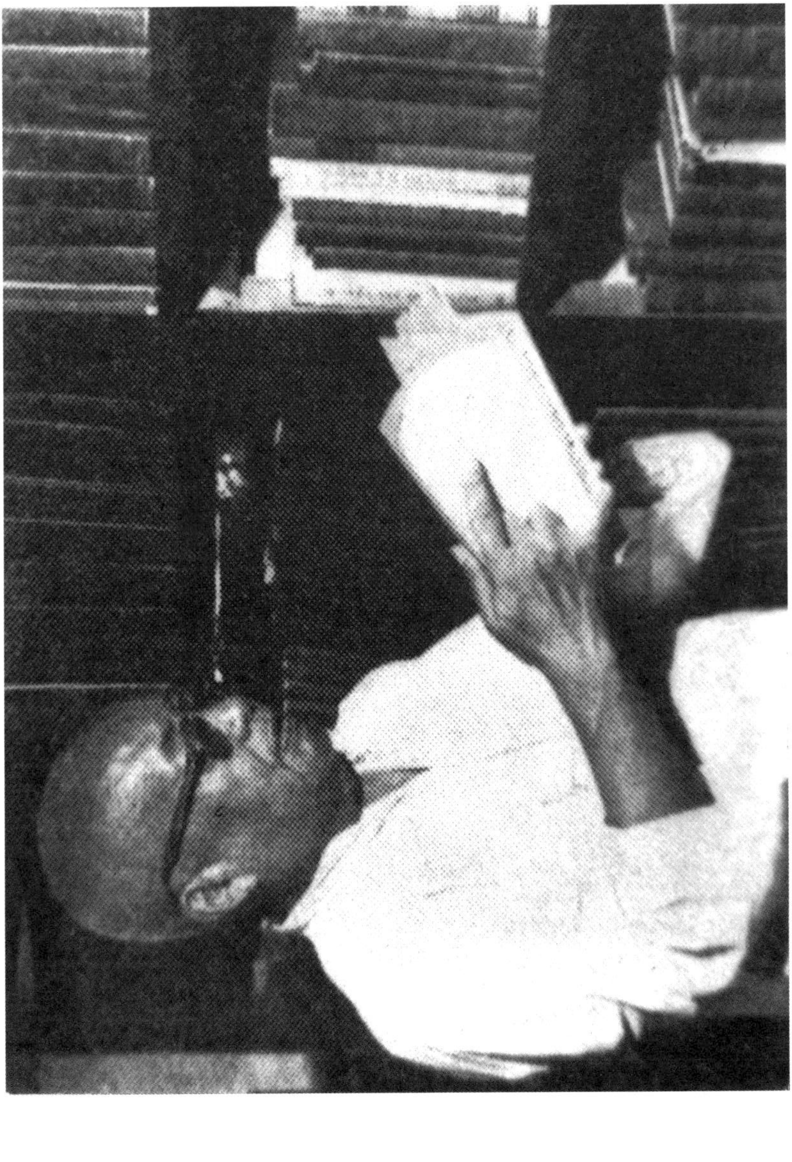

■ 汤用彤先生一家在燕南园前院。后排自左至右：汤一玄、汤一介、汤夫人、汤用彤先生、林文才、乐黛云之弟乐光启；前排：长媳乐黛云，孙女汤丹，汤一玄的同学。

■ 病愈后，汤先生与夫人、孙女，以及次子汤一玄的夫人许吉梅在香山红叶村庄疗养地。

■ 汤用彤先生、汤夫人以及过门不久的儿媳许吉梅在香山红叶村庄。

■ 汤用彤先生与孙女汤丹和孙子汤双在一起。

■ 在汤一介先生的眼里，汤用彤先生是一位名副其实的慈父，对自己的儿子女儿、孙子孙女都是宠爱有加，陪他们聊天、哄他们睡觉，从不打骂，为他们营造一个轻松自由的成长环境。然而，用彤先生的有所不为不等于放任自流：他时常教孩子们背诵经典诗词和古文，给孩子们讲历史故事，在潜移默化中培养孩子们的人文素质与修养。曾经四度痛失子女的用彤先生对孙子、孙女格外疼爱，孩子们也特别爱他。

■ 新中国成立十周年前夕，汤用彤先生与夫人、孙女一同参观刚建成的白石桥工人体育馆。

■ 汤用彤先生常说他的孙子将是一个“大智若愚”的人。图为先生与孙子汤双在聊天。

■ 汤用彤先生与夫人在苏联展览馆（现北京展览馆）参观。馆内设有莫斯科风格的餐厅以及能够容纳五六千人的歌剧厅，这让汤用彤夫妇连声称道。

汤用彤先生与夫人在苏联展览馆（现北京展览馆）。

■图为汤用彤先生、汤夫人、汤一介、汤一玄、汤一介的夫人乐黛云以及他们的两个儿女汤丹和汤双在燕南园58号。第二排右一为汤先生的四姐，她在丈夫去世后来到北京照顾身体欠佳的汤用彤。

■ 1960年摄于燕南园。左侧为汤用彤先生，汤夫人，汤用彤的四姐和汤丹，右侧为汤用彤先生的侄女一家：汤一雯（第二排右二）及其丈夫（第二排右一）和他们的两个儿子。此时汤一雯已从南京调到了北师大女附中教书，汤一雯的丈夫在九三学社工作。

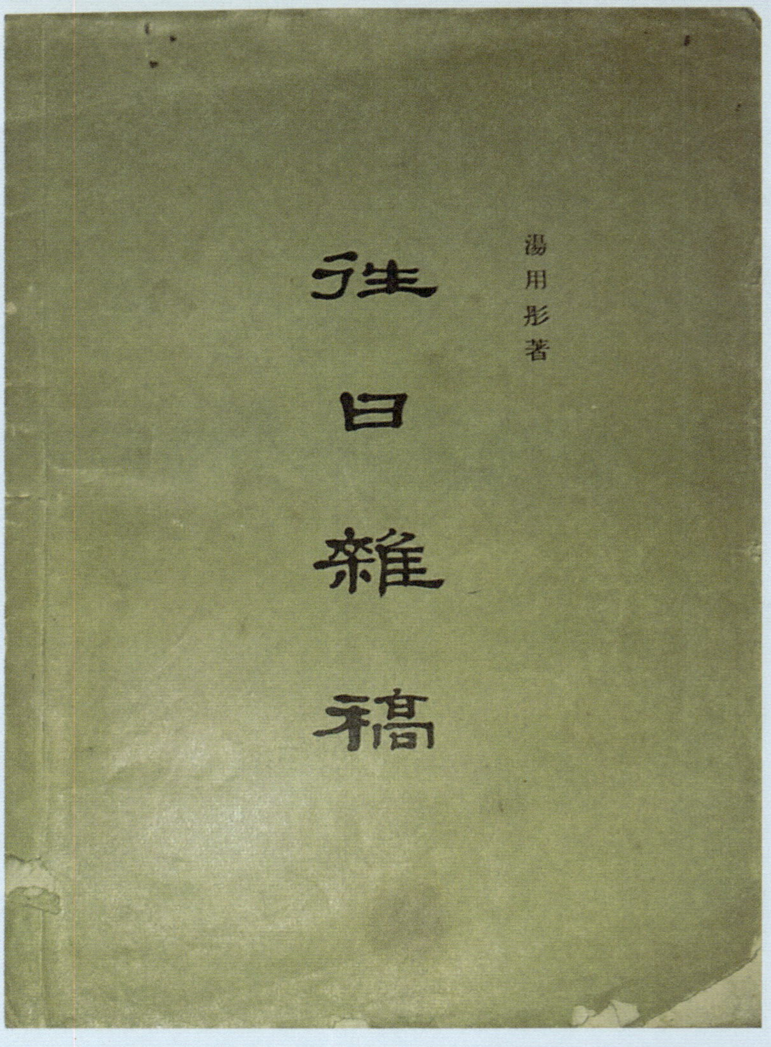

■ 图为1962年汤用彤先生自编的论文集《往日杂稿》。

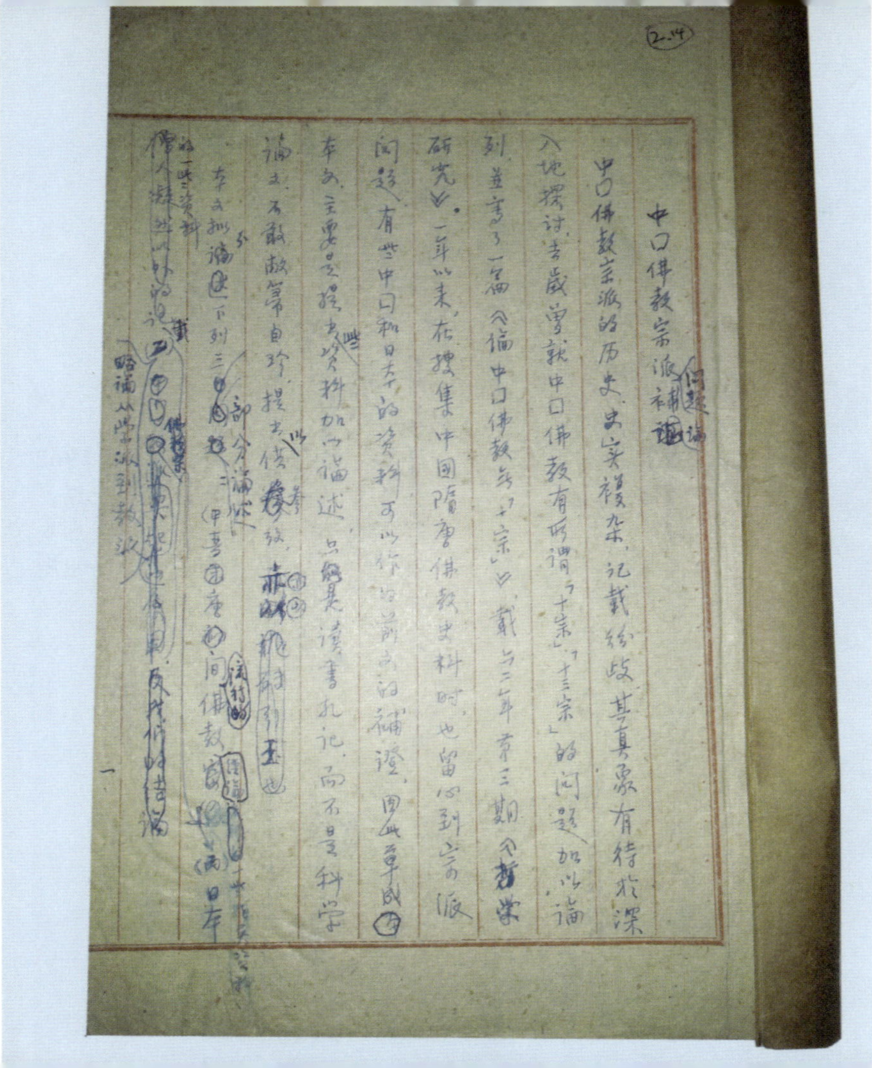
中日佛教宗派問題補論

中日佛教宗派的历史，史实複杂，记载纷歧，其真象有待於深入地探讨。去岁曾就中日佛教有所谓「十宗」、「十三宗」的问题加以论列，並写了一篇《论中日佛教的「十宗」》，载一九六二年第三期《哲学研究》。一年以来，在搜集中国隋唐佛教史料时也留心到宗派问题，有些中日和日本的资料可以作为前文的補證，因此草成本文，主要是提出资料加以论述，只能是读书札记，而不是科学论文，不敢敝帚自珍，提出供参考。

■ 图为汤用彤先生撰写的《中国佛教宗派问题补论》，写于1962年或1963年。

■ 约摄于1962年春节全家照。左侧为汤用彤先生的学生杨祖陶夫妇等。

■ 汤用彤先生在人生最后的岁月里，虽然“手不能写，腿也不能走路”，思考问题也不再像过去那样敏捷，却还是孜孜不倦地给学生讲课，整理，修改自己过去的作品并试图取得新的学术突破。他以《康复札记》为题发表的若干篇读书笔记虽然篇幅不长，却仍具有很高的学术价值。1964年5月1日，在医院守候了汤用彤一夜，刚刚回到家的乐黛云先生接到了一个来自医院的电话，电话那头是婆婆撕心裂肺的恸哭：“他走了！走了！我没有看好他！他喊了一句‘五一节万岁’，就走了！”一代哲学泰斗汤用彤就这样平静地离开了人世，可是他的高山景行必将为人们所铭记，他留给中华民族和世界的不朽的精神财富也必将在历史的长河里不断地发挥不可估量的作用。

■ 1993年8月，“纪念汤用彤先生诞辰百周年学术座谈会”在北京大学举行。

■ 1997至2006年，北京大学中国哲学与文化研究所连续举办了十届“汤用彤学术讲座”。饶宗颐教授（左）在第一届“汤用彤学术讲座”上作了《梁僧祐论》、《老子师容成氏遗说钩沉——先老学初探》的学术报告。右为讲座主持人汤一介教授。

■ 照片摄于20世纪70年代燕南园58号。中坐者为汤用彤老夫人，左侧为汤一介、乐黛云，中立者为他们的子女汤丹、汤双；右侧为汤一玄、许吉梅，老夫人身边的是他们的两个女儿汤珊、汤方。汤用彤先生离世已十余年，但他永远是他们心中的榜样和挚爱。

■ 汤用彤先生的第四个孙女在老先生去世那年出生，由先生赐名汤方。图为汤用彤先生的夫人张敬平与孙女汤方的合影。

■ 图为汤用彤先生的两本评传。